Beatrice Wagner

Meine BASTELREISE um die Welt

Mit allen Sinnen über 40 Länder erkunden

Beatrice Wagner

Meine BASTELREISE um die Welt

Mit allen Sinnen über 40 Länder erkunden

Das Bastelbuch für Weltentdecker

INHALT

KOMM MIT AUF DIE REISE

Hast du schon mal darüber nachgedacht, ob Kinder am anderen Ende der Welt auch basteln? Falten Sie gerne Papierflieger? Malen Sie Regenbogen mit Wasserfarben? Sammeln sie ebenfalls Kastanien und Zapfen, um daraus Figuren zu basteln? Welche Materialien werden zum Basteln and Gestalten verwendet, und haben die hergestellten Kunstwerke eine Bedeutung?

Schluss mit der Geheimniskrämerei. Lass uns gemeinsam auf eine Bastelreise gehen und faszinierende Länder der Welt kennenlernen. Wenn du möchtest, kannst du die Nordlichter Islands zum Leuchten bringen! Vielleicht willst du japanische Karpfenfahnen basteln und dazu klebrigen Reiskuchen essen? Hast du Lust bei italienischer Musik farbenfrohe Karnevalmasken zu bemalen? Stell dir vor, du bist in der trockensten Wüste der Welt und rufst mit deinem selbst gestalteten Regenmacher den Regen herbei.

Für deine abenteuerliche Bastelreise um die Welt brauchst du nur ein bisschen Fantasie und eine große Portion Kreativität. Naja, eine kleine Prise Neugier würde auch nicht schaden. Davon hast du sicherlich genug! Damit deine Reise ein unvergessliches Erlebnis wird, versorgt dich unser abenteuerlustiger Reisebegleiter mit allen nötigen Informationen. Hast du ihn schon entdeckt? Auf www.topp-kreativ.de/digibib kannst du dir die Rezepte, die zu diesem Buch gehören, herunterladen. Den Freischaltcode dafür findest du im Impressum.

Auf geht's, lass die Reise beginnen.

ITALIEN

VENEZIANISCHE KARNEVALMASKEN

Die italienische Stadt Venedig in Norditalien ist weltbekannt für ihren Karneval. Der „Carnevale di Venezia“ ist der älteste Karneval der Welt. Jedes Jahr tummeln sich zwei Wochen lang prachtvoll verkleidete Menschen in den Gassen Venedigs. Die getragenen Masken und Kostüme werden mit großer Sorgfalt handgefertigt. Jede Maske ist ein Unikat.

MOZZARELLA IN CARROZZA

Mozzarella in Carrozza oder auf Deutsch „Mozzarella in der Kutsche“ ist ein traditioneller Snack aus der Region Kampanien. Dabei wird schmackhafter Büffelmozzarella zwischen zwei Scheiben Weißbrot paniert und goldbraun ausgebacken.

ITALIENISCHE KLASSIKER

Italienische Musik ist rund um die Welt bekannt. Von klassischen Opern bis hin zu italienischen Hits der letzten Jahrzehnte sind die Musikrichtungen entsprechend vielseitig. Hör rein!
https://tinyurl.com/yx6n38y3

PASTA

Dick, dünn, superdünn, gedreht, röhrenförmig, eckig, gerillt, sternchenförmig. In Italien gibt es viele verschiedene Nudelformen und jede hat einen eigenen Namen. Weißt du, wie Farfalle, Penne oder Fusilli aussehen?

ANLEITUNG

1 Übertrage für die Schablone die Vorlage der Karnevalmaske auf Fotokarton und schneide sie aus.

2 Übertrage mithilfe der Schablone die Umrisse auf den Pappteller und schneide die Maske aus. Um die Augenlöcher leichter ausschneiden zu können, bohrst du zuerst mit der Stopfnadel kleine Löcher und setzt dort mit der Schere an.

3 Bohre mit der Stopfnadel links und rechts zwei Löcher für das Gummiband in die Maske.

4 Zeichne mit dem Goldstift und dem Lineal das typische Rhomben-Muster auf die Maske. Bemale ein paar Rhomben mit dem Goldstift.

5 Bemale die restlichen Rhomben mit verschiedenen Farben. Du kannst auch ein paar Rhomben weiß lassen.

6 Verziere die Maske mit den Strasssteinen.

7 Fädle das Gummiband durch beide Löcher und verschließe es an der Rückseite der Maske jeweils mit einem Doppelknoten.

2

4

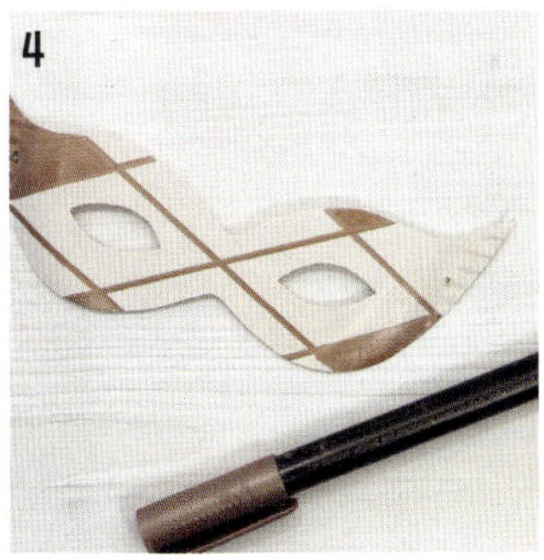

7

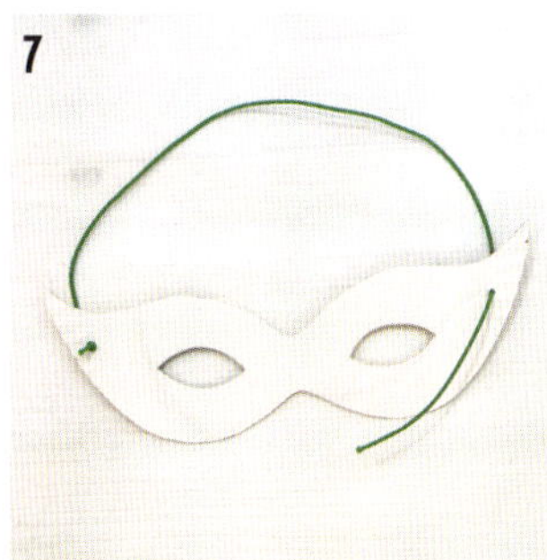

MATERIAL

- Fotokarton, DIN A5
- kleiner Pappteller in Weiß, ca. ø 18 cm
- Acryl- oder Filzstifte, Farben nach Wahl
- Goldstift (Lackmarker oder Acrylstift)
- Strasssteine, Farben nach Wahl (zum Verzieren)
- Gummiband, Farbe nach Wahl, 30-35 cm lang
- Bleistift
- Schere
- große Stopfnadel
- Lineal
- Bastelkleber
- Vorlage „Karnevalmaske“ (Seite 104)

KANADA

GEFALTETES AHORNBLATT

In Kanada wachsen sehr viele Ahornbäume. Eine Ahornart ist der Zuckerahorn. Die Pflanze wird zur Gewinnung von Ahornsirup genutzt. Dieser wird im Frühling aus dem Stamm des Baums entnommen. Im Spätsommer färben sich Kanadas Ahornwälder leuchtend rot. Das rote Ahornblatt (auf Englisch „Maple Leaf“) ist so typisch für Kanada, dass es sogar die Nationalflagge des Landes ziert.

NANAIMO BARS

Sie sind nussig, cremig, süß, schokoladig und benannt nach der Stadt Nanaimo auf der kanadischen Pazifikinsel Vancouver Island. Das Besondere an dem dreischichtigen Dessert ist, dass es ohne Backofen hergestellt wird.

MAMMUTBÄUME

Die größten Bäume der Welt heißen Mammutbäume und wachsen u.a. auf Vancouver Island. Sie können sehr alt und um die 100 Meter groß werden. Sie dir ein Fußballfeld an. Das ist genau so lang.

BÄREN

Kanada ist die Heimat der mächtigsten Landraubtiere der Erde. Bären! Hier leben Schwarz- und Braunbären. Mit etwas Glück kann man die Tiere in ihrem natürlichen Lebensraum beim Fischen von Lachsen beobachten.

ANLEITUNG

1 Falte ein Papier diagonal zu einem Dreieck. Öffne das Blatt wieder.

2 Falte nun die beiden äußeren Kanten zu der entstandenen diagonalen Faltlinie. Klappe dann die obere Ecke nach unten. Öffne das Blatt wieder.

3 Falte es nun rückwärts wieder zusammen: zuerst die obere Ecke, danach die beiden gegenüberliegenden Ecken.

4 Falte nun die beiden gegenüberliegenden Ecken zu der diagonalen Faltlinie, sodass eine kleine Drachenform entsteht.

5 Öffne eine Seite des Drachens. Falte die Talfalte (= eine Falte nach unten) zu einer Bergfalte (= eine Falte nach oben), sodass ein kleiner Flügel entsteht.

6 Falte den Flügel nach außen. Die andere Seite genauso falten. Wiederhole Schritt 1 bis 6 für die restlichen vier Blätter.

7 Setze nun das Ahornblatt zusammen. Lege dafür die Blattteile mit den gefalteten Seiten nach oben und klebe sie an den kleinen Spitzen mit einem Klebestift zusammen.

8 Umwickle für den Stängel das Garn von Anfang bis Ende mit dem Blumendraht. Befestige ein Ende des Blumendrahts mit Klebeband auf der Blattrückseite.

1

2

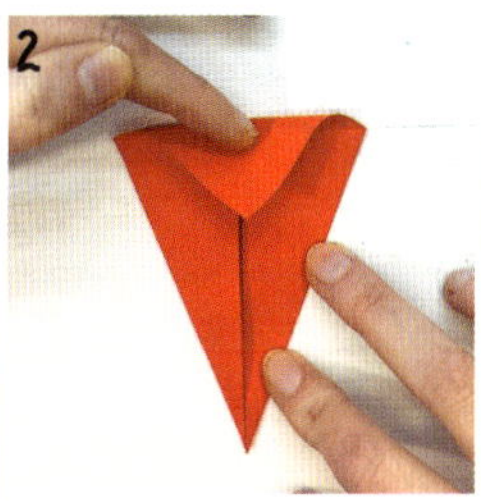

3

5

MATERIAL

- 5 Faltpapiere in Rot, 10 cm x 10 cm
- Garn, gemustert oder einfärbig, 15 cm lang
- Blumendraht, 20 cm lang
- Klebestift
- Klebeband
- Schere

6

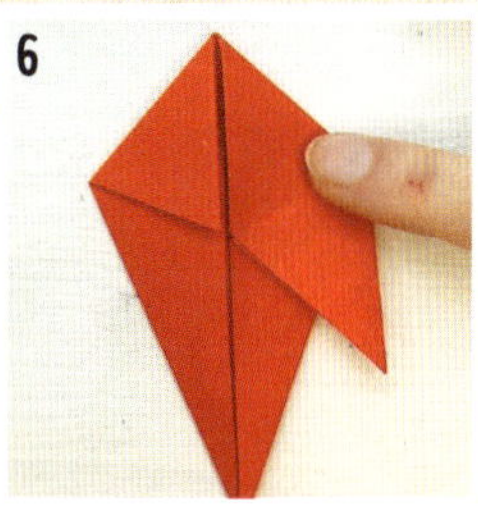

7

8

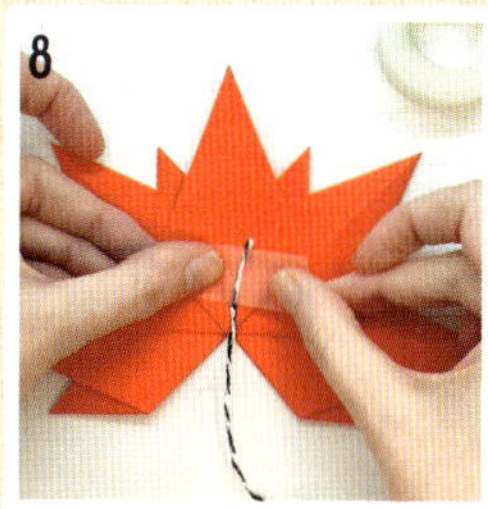

ÖSTERREICH

STROHSTERNE

In Österreich gibt es wunderschöne Sterne aus Stroh. Gebastelt werden sie seit vielen Jahren in der Winterzeit von Groß und Klein. Fast wie bei Schneekristallen ist jeder Stern ein Unikat. Vor dem Verschnüren kann das Stroh geschnitten, gebügelt oder gefärbt werden. Wir machen es uns einfach und verarbeiten es so, wie wir es in die Hände bekommen. Mit den fertigen Strohsternen kannst du Weihnachtsbäume, Fenster und Geschenke hübsch dekorieren.

VANILLEKIPFERL

Backe das zart-mürbe Weihnachtsgebäck nach einem traditionell österreichischen Rezept. Wusstest du, dass die himmlischen Kipferl auf Altwienerisch „Schirligum" genannt werden?

FICHTE

Gib ein paar Tropfen Fichten-Öl in eine Duftlampe und schließe die Augen. Riechst du die Winterwälder Österreichs? Übrigens, die Fichte ist der häufigste österreichische Nadelbaum.

„KÜSS DIE HAND, GNÄ' FRAU"

Zweifelsohne gibt es viele Arten, sich zu begrüßen. Besonders charmant ist die wienerische Art zu grüßen. Mit einem galanten „Küss die Hand, gnä' Frau" wird, wie in alten Zeiten, ein Handkuss am Handrücken der Frau angedeutet.

ANLEITUNG

1 Übertrage die Vorlage „Strohstern" mit dem Stift auf den Fotokarton und schneide den Kreis aus. Vergiss die 6 kleinen Striche nicht. Lege für die Legehilfe die angefertigte kreisförmige Schablone auf eine der beiden runden Öffnungen der Klopapierrolle und übertrage die Striche auf die Rolle.

2 Schneide bei jeder der 6 Markierungen eine ca. 5 mm breite und 3 cm tiefe Einkerbung, und drücke die eingeschnittenen Streifen in die Mitte der Rolle. Deine Legehilfe ist fertig.

3 Halbiere die Strohhalme mit der Schere in der Mitte, sodass du 10 Halme hast. 9 davon benötigst du für den Strohstern. Lege die ersten 3 Strohhalme in die jeweils gegenüberliegende Einkerbung. Achte darauf, dass die Strohhalme immer in der Mitte platziert werden.

4 Lege die restlichen 6 Strohhalme so, dass zwischen den beiden Einkerbungen, in die du den Strohhalm legst, immer eine Einkerbung ausgelassen wird.

5 Platziere den Stein in der Mitte der Legehilfe auf alle Strohhalme. Der Stein hilft dir, die Strohhalme für das Verschnüren etwas zu fixieren. Drücke die Strohhalme an den sich kreuzenden Stellen sanft mit den Fingern zusammen.

6 Umwickle mit den kürzeren Nähgarnen jeweils alle Strohhalmenden, die in einer Einkerbung platziert wurden, mehrmals und fest, und verschließe sie mit einem Dreifach-Knoten. Verwende für die letzte Sternspitze das längere Garn, um daraus eine Schleife zum Aufhängen des Sterns zu knoten. Kürze zum Schluss die Enden des Strohsterns, sodass alle in etwa gleich lang sind.

MATERIAL

- 5 Bastelstrohhalme, 20 cm lang
- Nähgarn in Rot, 6x 20 cm, 1x 40 cm
- kleines Stück Fotokarton
- leere Klopapierrolle
- Stift
- Schere
- Stein, handgroß
- Vorlage „Strohstern" (Seite 104)

2

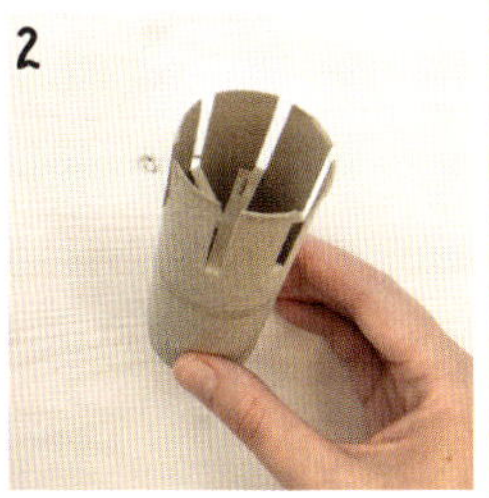

3

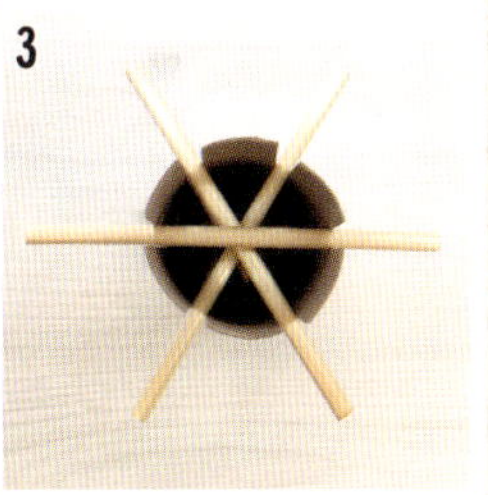

4A

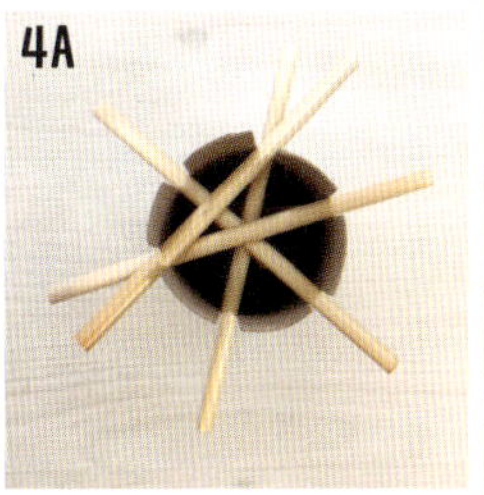

4B

5

6

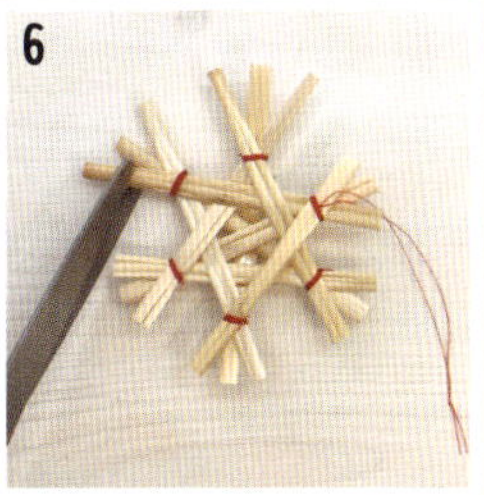

SENEGAL

BUNTE STOFFARMBÄNDER

Afrikanischer Schmuck ist farbenfroh, vielfältig und einzigartig. Von Region zu Region gibt es unterschiedliche Techniken Schmuck anzufertigen. Häufig haben die Schmuckstücke oder deren Farbzusammenstellung eine tiefergehende und symbolische Bedeutung. Verarbeitet werden Metalle, Holz, Federn und Stoffe. So findet man auf Märkten eine große Auswahl an Stoffketten mit bunten afrikanischen Mustern.

JOLLOF

Das Reisgericht Jollof gehört zu den Nationalgerichten Senegals. Die Hauptzutaten sind Reis, Tomatenmark und Süßkartoffel. Gegessen wird meistens gemeinsam aus einem Topf. Probiere das Rezept aus!

AUF DEM KOPF

In Afrika wird vieles mit viel Geschick auf dem Kopf getragen. Die Tragetechnik wird von klein auf geübt, bis im Erwachsenenalter auch schwere Lasten transportiert werden. Versuche ein Buch oder einen Ball auf dem Kopf zu tragen! Wie viele Meter schaffst du?

ROSAROTER SEE

Im Senegal gibt es einen rosaroten Salzsee. Er heißt Retba-See. Seine beeindruckende Farbe erhält der See durch eine salzliebende Algenart. Der Salzanteil im See ist sogar höher als jener im Toten Meer.

TIPP

Mit der gleichen Technik kannst du auch Halsketten anfertigen. Verlängere dazu die Länge der Kordel und wickle mehrere Stoffbänder nacheinander um die Kordel.

ATERIAL

- Stück Kordel, 0,8 cm, je ı. 20 cm lang
- ɪoff, gemustert ɪder einfarbig
- ɪoff- oder Filzstift
- ɪneal, groß
- Stoffschere
- Heißklebepistole
- Bügeleisen
- optional: Nähnadel und Nähgarn, in Stofffarbe

ANLEITUNG

1 Klebe die beiden Enden einer Kordel mit der Heißklebepistole zu einem Ring zusammen. Lass dir hierbei von einem Erwachsenen helfen.

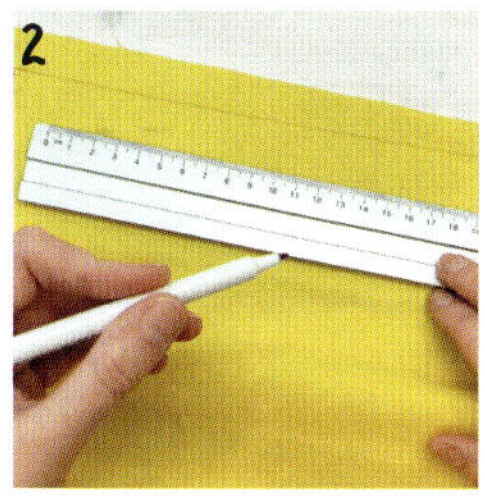

2 Zeichne mit Stift und Lineal ein 80 cm langes und 4 cm breites Rechteck auf den Stoff. Schneide das Stoffstück aus.

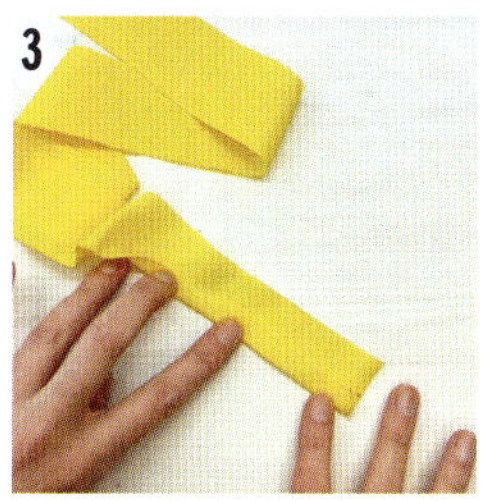

3 Klappe den Stoff entlang der beiden Längsseiten bis zur Stoffmitte um, sodass ein beidseitig eingeschlagener 2 cm breiter Streifen entsteht. Fixiere die Stoffkanten mit dem Bügeleisen. Lass dir hierbei von einem Erwachsenen helfen.

4 Klebe den Anfang des Stoffbands mit der gefalteten Seite schräg nach innen auf die Kordel. Umwickle die gesamte Kordel straff mit dem Stoffband und fixiere das Band dabei immer wieder mit Heißkleber.

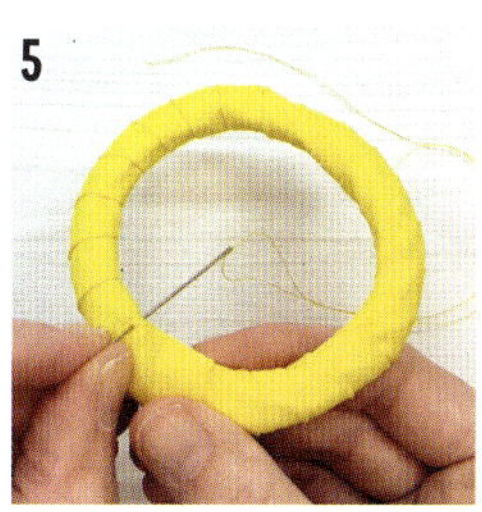

5 Lass am Ende 1 cm des Stoffbands überstehen und schneide den Rest gerade ab. Klappe das Ende des Stoffbands einmal um. Fixiere es an der Innenseite des Armbands mit Heißkleber. Optional kannst du das Stoffbandende zusätzlich mit Nadel und Garn fixieren.

6 Wiederhole die Schritte 1 bis 5 für die beiden anderen Armbänder.

7 Trage alle drei Armbänder gemeinsam an einer Hand.

NIEDERLANDE

TULPEN
AUS EIERKARTON

Im Frühling erwartet dich in den Niederlanden ein duftendes, farbenfrohes Spektakel. Die Tulpenblüte hüllt das ganze Land in ein bezauberndes Blütenmeer. Es gibt sehr viele verschiedene Tulpenarten in fast allen Farben. Sogar in Schwarz! Wusstest du, dass die Tulpe ursprünglich aus dem Osmanischen Reich stammt? Erst im 16. Jahrhundert fand die hübsche Blume über die Seidenstraße ihren Weg nach Europa.

KAASSTENGELS

Die würzigen Käse-Stangen aus den Niederlanden sind super einfach und der perfekte Party-Snack. Probiere das Rezept aus.

KÄSE-LAND

Die Niederlande ist ein wahres Käse-Land. Die Sorten Gouda und Edamer kennst du vielleicht, aber hast du auch schon mal einen Maasdamer, Leerdammer oder niederländischen Kräuterkäse gekostet? Oder daran gerochen?

GROSSE MENSCHEN

Die Bevölkerung der Niederlande hält einen spannenden Weltrekord. Die Frauen und Männer des Landes sind besonders groß. Wenn man ihre Körpergröße in einem einzigen Wert berechnet, dann leben „im Mittel" die größten Menschen der Welt in den Niederlanden.

MATERIAL

für 4 Tulpen

- Eierkarton für 10 Eier, Farbe nach Wahl
- 4 Holzperlen in Bunt, ca. ø 2 cm
- 4 Stück Steckdraht in Grün, ø ca. 0,8 mm, 30 cm lang
- Schere

ANLEITUNG

1 Schneide aus der Unterseite des Eierkartons die vier mittleren Trenner (Spitzen) entlang der Unterkante aus.

2 Schneide diese Hütchen jeweils vier Mal an den Ecken etwa bis zur Hälfte ein und runde die eingeschnittenen Ränder spitz zulaufend ab. Die Blütenform ist fertig.

3 Fädle eine Holzperle auf den Steckdraht. Fixiere die Perle am oberen Ende des Drahts, indem du den Draht nach unten biegst, und fädle alles von oben in die Hütchen.

4 Ziehe den Draht so lange nach unten, bis sich die Perle in der Mitte des Hütchens (in der Tulpenblüte) befindet. Achte darauf, dass das kleine Stück umgebogener Draht ebenfalls durch das Loch nach unten geschoben wird.

5 Biege den umgebogenen Draht von unten an der Außenseite der Tulpenblüte nach oben, sodass er mit dem Hütchen verbunden ist.

6 Wiederhole Schritt 3 bis 6 für die anderen drei Tulpen.

2

3

5

TIPP

Lass die Tulpen bunt erblühen! Schnapp dir Wasser- oder Acrylfarben und bemale einen hellen Eierkarton in deinen Lieblingsfarben, bevor du mit dem ersten Bastelschritt beginnst.

ISLAND

NORDLICHTER

AURORA BOREALIS. Das klingt wie ein Zauberspruch? Ist es aber nicht! Es ist die wissenschaftliche Bezeichnung für Polarlichter, die durch Sonnenwind in der Atmosphäre der Erde entstehen. Die magischen Farbenspiele in Rot, Grün, Blau oder Weiß-Gelb kommen in dunklen Winternächten in der Nähe des Nord- oder Südpols vor. Am Nordpol nennt man sie Nordlichter. Island liegt sehr weit nördlich und deshalb kannst du den eindrucksvollen Lichtzauber hier besonders gut beobachten.

SKYR MIT BEEREN

Skyr gab es schon in den Zeiten der Wikinger. Das Milchprodukt sieht zwar aus wie Joghurt, ist aber eigentlich offiziell ein Frischkäse. Die Milch für den Skyr ist entweder von Kühen oder Schafen. Probiere das Ruck-Zuck-Dessert aus.

ISLÄNDISCHE ROCK- UND POPMUSIK

Islands Rock- und Popmusik ist weltbekannt. Bring dein gebasteltes Nordlicht zum Leuchten und lausche den mystisch-sphärischen Klängen von Björk und Ásgeir.
https://tinyurl.com/26fvyeud

ELFENBEAUFTRAGTE

Der Glaube an magische Wesen wie Elfen, Feen, Gnome und Trolle ist in Island weit verbreitet. Es gibt sogar „Elfenbeauftragte“, die bei Bauprojekten prüfen, ob durch die Bauarbeiten eine Elfenheimat zerstört werden könnte.

ANLEITUNG

1 Verteile etwas Glitzerkleber mithilfe eines Wattepads im Innern des Glases. Den Boden kannst du auslassen.

2 Stelle das Glas ohne Deckel für eine Minute bei 700-800 Watt in die Mikrowelle, damit der Glitzer-Kleber trocknet. Bitte einen Erwachsenen, das heiße Glas für dich herauszuholen. Warte mit dem nächsten Bastelschritt, bis das Glas nicht mehr heiß ist.

3 Trage ein wellenförmiges Muster auf der Glasinnenseite auf. Benutze diesmal direkt den Glitzer-Klebestift um die Linien zu ziehen. Du kannst auch mehrere Farben verwenden. Wiederhole dann Schritt 2.

4 Trage die Acrylfarbe mit dem Borstenpinsel auf der Glasinnenseite auf. Male die Glasinnenseite fast vollständig aus. Lass für den Leuchteffekt nur ein paar Stellen frei. Alles gut trocknen lassen.

5 Aktiviere durch Knicken die Leuchtkraft deiner Knicklichter. Biege sie etwas und lege sie in das Schraubglas.

6 Verschließe das Schraubglas mit dem Deckel und bestaune das leuchtend-funkelnde Farbenspiel an einem dunklen Ort.

1

3

4

MATERIAL

- Schraubglas mit Deckel (z.B. Joghurtglas)
- Glitzer-Kleber in Bunt
- Acrylfarbe in Schwarz
- 2-3 Knicklichter in Bunt
- Wattepad
- Borstenpinsel
- Mikrowelle

TIPP

Du möchtest die Nordlichter noch mehr funkeln lassen? Dann trage mit dem Wattepad eine weitere dünne Schicht Glitzer-Kleber auf. Lass auch diese Schicht wieder eine Minute in der Mikrowelle trocknen.

ANLEITUNG

1 Bügle den zugeschnittenen Stoff. Lass dir dabei von einem Erwachsenen helfen.

2 Ziehe auf jeder der vier Stoffkanten ein paar parallel verlaufende Fäden heraus, sodass Fransen entstehen.

3 Lege eine Tortenspitze auf den Stoff und besprühe sie mit Textilfarbe.

4 Warte ca. eine Minute und nimm danach die Tortenspitze vorsichtig vom Stoff ab. Lass die Farbe an der Luft trocknen.

5 Fixiere die Textilfarbe gemäß der Anleitung. Bei den meisten Textilfarben muss der Stoff einige Minuten gebügelt werden.

TIPP

Schaffe unterschiedliche Effekte, indem du den Abstand zwischen Sprühkopf und Stoff variierst. Je näher du am Stoff sprühst, desto deckender ist die Farbe.

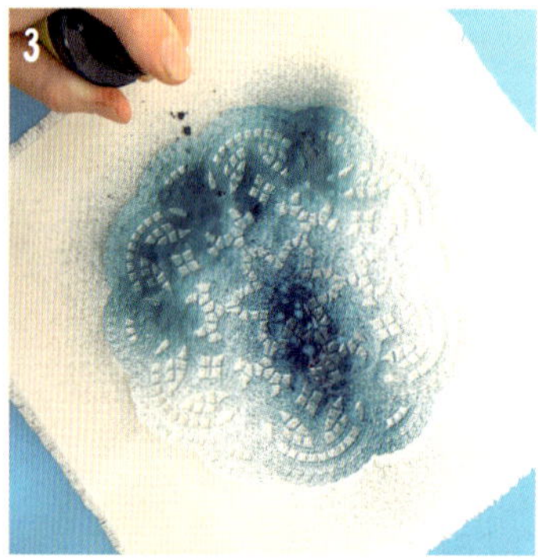

MATERIAL

- Canvas Stoff in Weiß oder Naturweiß, 30 cm x 30 cm
- Textilsprühfarbe in Blau
- 1-3 Tortenspitzen, rund, ca. ø 20 cm
- Bügeleisen

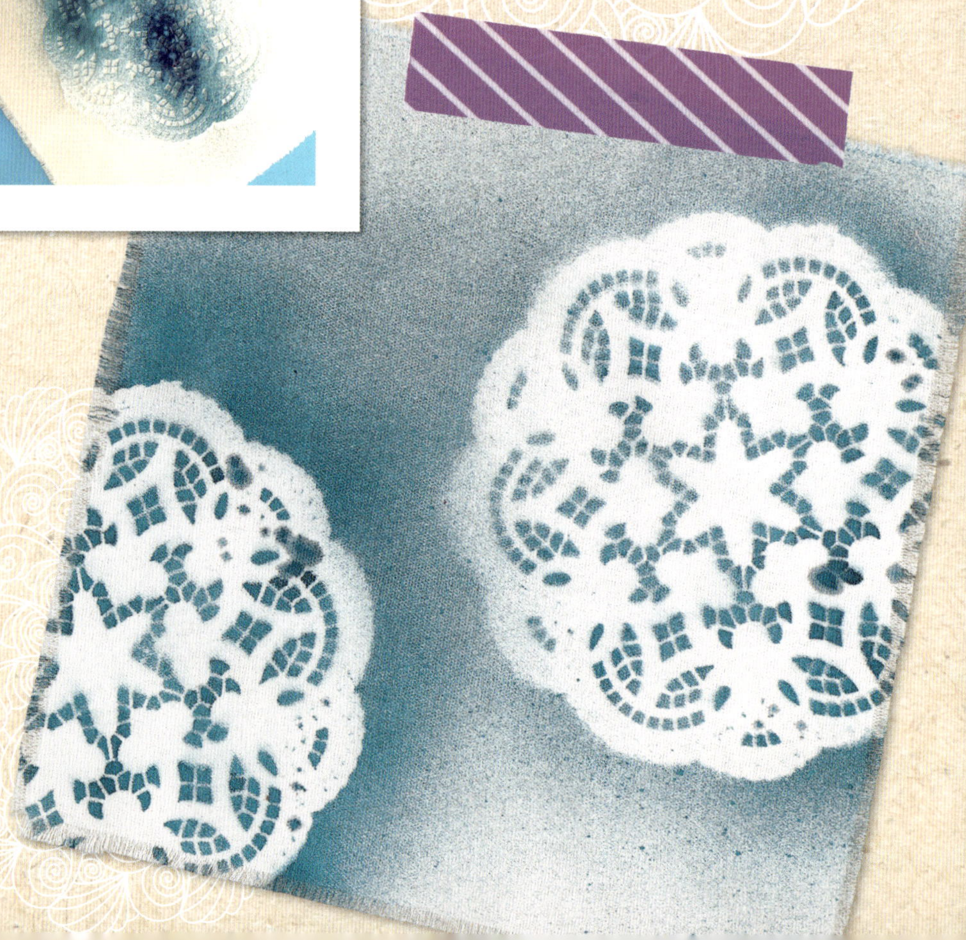

KROATIEN

PAGER SPITZE

Die Insel Pag in der kroatischen Region Dalmatien ist für ein spitzenmäßiges Kunsthandwerk weltbekannt: die Pager Spitze. Seit Hunderten von Jahren werden mit Nadel und Garn detailreiche Spitzen für Kleidung und Hauseinrichtung angefertigt. Um das Handwerk des Stickens zu erlernen, braucht es Zeit. Mit viel Geschick werden Fäden zu einzigartigen Mustern verkreuzt und verdreht. Hier ist ein Bastelprojekt, mit dem du in die Welt der Spitzen hineinschnuppern kannst.

ČUPAVCI

Kennst du Čupavci? Das sind saftig weiche, in Schokolade getauchte und in Kokos gewälzte Biskuit-Schnitten. Ein himmlischer Genuss.

KROATISCHE MUSIK

Die Tamburica ist ein birnen- oder gitarrenförmiges Zupfinstrument, das in ganz Kroatien (und darüber hinaus) große Beliebtheit genießt. Oft wird es in Gruppen mit vielen Musikern gespielt. Hör doch mal rein.
https://tinyurl.com/52sc74ah

WEITGEREISTER STEIN

Wenn es unter den Steinen einen Weltenbummler gibt, dann ist es der weiße Kalkstein der Insel Brač. Bereits die Römer haben diesen Stein für ihre Bauten verwendet. Aber auch das Weiße Haus in Washington oder Venedigs Paläste erstrahlen im Weiß des Bračer Steins.

TÜRKEI

MINI-HEISSLUFTBALLON

Bei einer Reise um die Welt darf eine Heißluftballonfahrt nicht fehlen. Besonders beeindruckend sind Ballonfahrten über die atemberaubende, märchenhaft schöne Landschaft von Kappadokien. Diese Region in der Zentraltürkei ist spärlich bewachsen und dennoch einzigartig. Hier findest du Täler, Schluchten, Höhlensysteme und „Feenkamine". Das sind spitz zulaufende Felsformationen von vielen Metern Höhe, die ein bisschen wie riesengroße Spargel aussehen. Lustig, oder?

SIMIT

Zum Frühstück, Mittagessen, Nachmittagstee, Abendessen oder als Partysnack. Die weichknusprigen Sesamringe aus der Türkei schmecken zu jedem Anlass.

DER BUCHSTABE Ü

Viele Worte der türkischen Sprache benutzen den Buchstaben Ü. Das Wort „gürültülü" (deutsch: laut) hat vier Ü's in einem Wort. Wenn du jemanden zum Abschied drei kleine Küsschen schickst, verwendest du auf Türkisch die Worte „üç küçük öpücük". Welche deutschen Worte mit vielen Ü's kennst du?

EIN EIMER WASSER

Was hat ein Eimer Wasser mit dem Beginn einer Reise zu tun? Nach einem türkischen Brauch leert man Verwandten zum Abschied einen Eimer Wasser hinterher. So wie das Wasser, sollen auch die Reisenden fließend und ohne Hindernisse ihr Ziel erreichen.

ANLEITUNG

1 Übertrage für die Schablonen „Ballon“ und „Korb“ die Vorlagen auf Fotokarton und schneide sie aus.

2 Falte die acht Tonpapierbogen der Breite nach in der Mitte zusammen.

3 Lege die Ballon-Schablone mit der langen, geraden Kante direkt an die Falzkante eines bunten Tonpapierbogens. Übertrage das Motiv mit Bleistift und schneide es aus. Wiederhole diesen Schritt für die restlichen sieben Tonpapierbogen.

4 Klappe alle ausgeschnittenen Ballonformen auf. Lege sie übereinander und nähe sie entlang der Faltungslinie mit der Nähmaschine zusammen. Verwende einen Geradstich mit langer Stichlänge. Lass an der Oberseite des Ballons 50 cm Nähgarn heraushängen. Damit kannst du später den Ballon aufhängen. Knote das Nähgarn an der Unterseite des Ballons mit einem Doppelknoten zusammen und schneide das überstehende Garn in Knotennähe ab.

5 Übertrage die Korb-Schablone auf den naturweißen Tonpapierbogen. Schneide das Motiv aus, falte es an den gestrichelten Linien und klebe es zu einem würfelförmigen Korb zusammen.

3

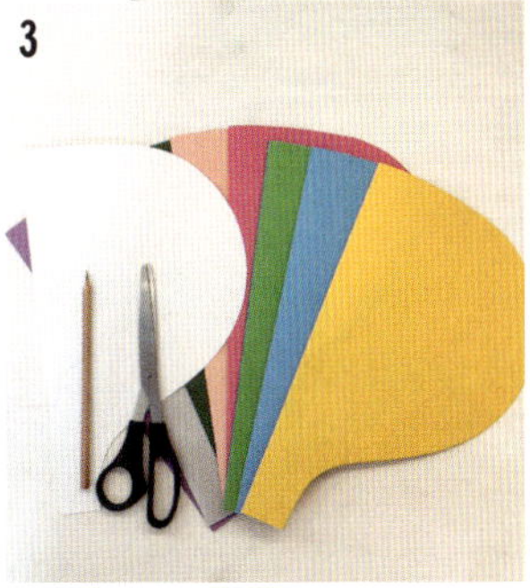

5

TIPP

Auch ohne Nähmaschine kannst du das Bastelprojekt umsetzen! Setze den Ballon zusammen, indem du statt dem Nähen, jeweils zwei Ballonhälften zusammenklebst. Klebe ebenso ein Garn für die Aufhängung ein.

MATERIAL

- 2 Bogen Fotokarton, A4
- 8 Bogen Tonpapier, A3, Farben nach Wahl
- Tonpapier, A4 in Naturweiß
- Haushaltsgarn, 2x 60 cm lang
- 16 Holzstäbchen, 25 cm lang
- Bleistift
- Bastelkleber
- Schere
- große Stopfnadel
- Nähmaschine, mit weißem Nähgarn
- Vorlagen „Ballon“ und „Korb“ (Seite 108/109)

6 Stanze mit der Stopfnadel an den eingezeichneten Stellen vier Löcher in den Korb.

7 Knote die beiden Stücke Haushaltsgarn einmal in der Mitte zusammen, sodass vier gleich lange Garnenden entstehen. Positioniere den Knoten in der Mitte unter dem Korb. Fädle die vier Garnenden von außen nach innen durch die Korblöcher und befestige sie mit einem Knoten. Lege den Korb unter den zusammengefalteten Ballon.

8 Stanze mit der Stopfnadel ein Loch in eine Ballonecke. Blättere drei Ballonhälften weiter und stanze bei der vierten, achten und zwölften Ballonhälfte ebenso ein Loch. Fädle jeweils ein Garnende durch ein Loch, verknote es mit einem Doppelknoten und schneide das überstehende Garn in Knotennähe ab.

9 Klebe jeweils ein Holzstäbchen in die Falte zwischen zwei Ballonhälften. Dadurch schaffst du mehr Struktur und dein Ballon fächert sich besser auf.

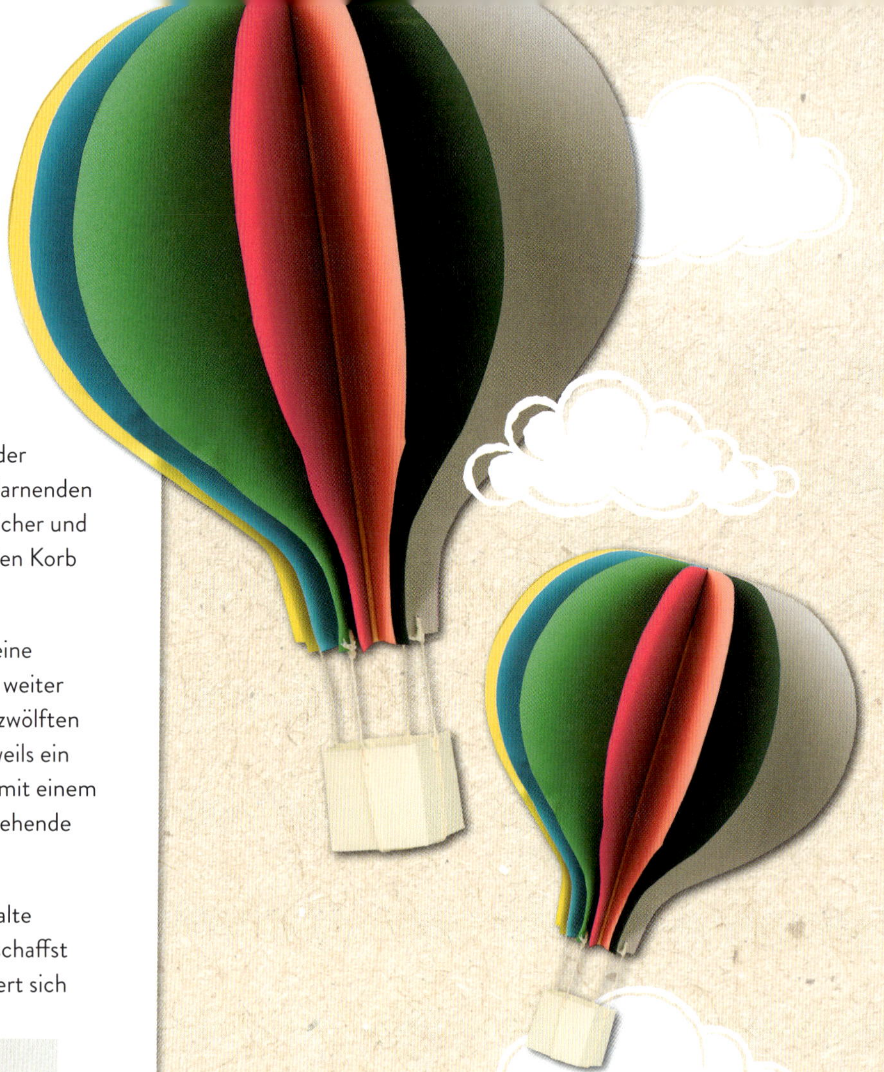

7

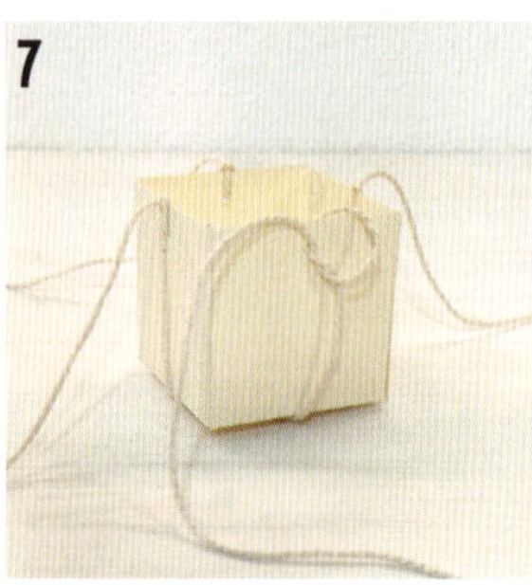

8

9

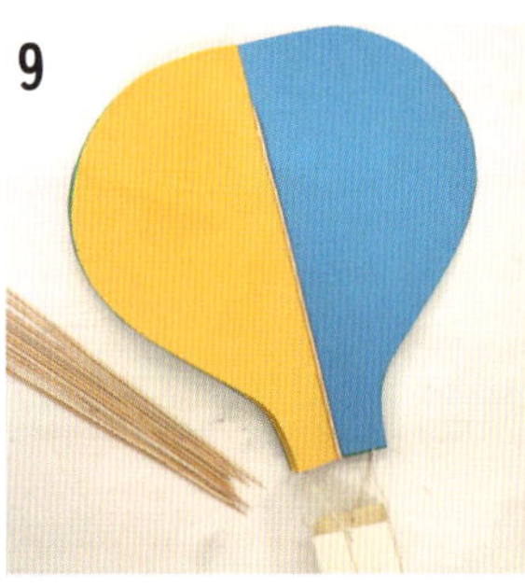

JAPAN

JAPANISCHE KARPFENFAHNE

Jedes Jahr am 5. Mai wird in Japan der Kindertag gefeiert. An diesem Tag schmücken japanische Familien ihre Häuser mit bunten Karpfenfahnen. Sie ähneln im Aussehen den beliebten Koi-Karpfen. Weil die Fische lange Flussstrecken mit vielen Hindernissen überwinden können, stehen sie symbolisch für Mut, Ausdauer und Willensstärke. Und weil solche Kräfte in jedem Kind schlummern, „schwimmen" am Kindertag auch so viele Karpfenfahnen in der Luft.

DAIFUKU MOCHI

Kuchenbällchen aus Klebreismehl, kann das wirklich schmecken? Definitiv. Probiere es aus. Klassisch werden Mochi mit einer Paste aus zerstampften Adzukibohnen und Zucker gefüllt. Alternativ kannst du auch Obststücke, Schokolade oder Eis verwenden.

TRADITIONELLE JAPANISCHE MUSIK

In Japan gibt es viele Musikstile. In der traditionellen japanischen Musik kommen häufig Saiteninstrumente und Trommeln zum Einsatz. Lausche den Klängen. Wie gefällt dir die Musik?
https://tinyurl.com/yrn7t7ze

GLÜCKSBRINGENDE KATZEN

Katzen sind in Japan sehr geschätzte Tiere. Ein typischer Glücksbringer aus Japan ist die winkende Katze „Maneki-neko". Du findest sie in Läden, in Eingangsbereichen von Restaurants oder sogar in Taxis.

MATERIAL

- Fotokarton, A5
- Fotokarton, A5, Farbe nach Wahl
- Papier, A4, bunt gemustert
- Alu-Bastel-Folie, A5, Farbe nach Wahl
- Klopapierrolle
- Rollen-Kreppband, ca. 5 cm breit, 3 Farben nach Wahl
- 2 Kulleraugen
- Haushaltsgarn, 25 cm lang
- Bleistift
- Schere
- Bastelkleber
- Gummiring
- Klebeband
- Vorlagen „Karpfenschuppe“ und „Auge“ (Seite 104)

ANLEITUNG

1 Übertrage für die Schablonen „Karpfenschuppe“ und „Auge“ die Vorlagen auf Fotokarton und schneide sie aus.

2 Fertige mithilfe der Schuppen-Schablone sechs Kreise aus farbigem Fotokarton (Tonpapier-Schuppen), zehn Kreise aus gemustertem Papier (Papier-Schuppen) und vier Kreise aus Alu-Bastel-Folie (Schiller-Schuppen) an. Mithilfe der Augen-Schablone fertigst du zwei kleine Kreise aus Alu-Bastel-Folie an.

3 Lege für die letzte Schuppenreihe vier Tonpapier-Schuppen zur Seite.

TIPP

Du hast kein gemustertes Papier zur Hand. Kein Problem! Blättere durch Zeitschriften und du findest sicherlich hübsche Muster für die Schuppen. Auch Schriftzüge lassen sich gut verarbeiten.

4 Klebe für die erste Reihe vier sich überlappende Schuppen an den unteren Rand der Rolle. Achte darauf, dass du sie mit etwas Überstand über den Rand der Rolle klebst. Wickle den Gummiring zur Fixierung des Klebstoffs auf die Schuppen.

5 Nimm vier weitere Schuppen für die zweite Schuppenreihe und klebe sie etwas nach oben versetzt über die erste Reihe. Variiere beim Aufkleben zwischen den Schuppenarten. Rolle den Gummiring zur Fixierung auf diese Reihe.

6 Wiederhole Schritt 5 für die dritte und vierte Schuppenreihe.

7 Nimm für die fünfte und letzte Schuppenreihe die zur Seite gelegten vier Tonpapier-Schuppen. Klebe sie, wie z.B.ginn, etwas über die Rolle überstehend auf.

8 Klebe für die Augen jeweils ein Kullerauge auf die kleinen Kreise und befestige sie auf der fünften Schuppenreihe.

9 Schneide vom Rollen-Kreppband zwei Stücke mit je 50 cm ab. Schneide diese der Länge nach in insgesamt vier dünne Kreppbandstreifen. Wiederhole den Schritt mit den andersfarbigen Kreppbändern. Du hast nun zwölf dünne Kreppbandstreifen.

10 Rolle ein ca. 25 cm langes Klebeband ab und platziere es mit der Klebeseite nach oben auf der Arbeitsfläche. Klebe die zwölf Kreppbandstreifen abwechselnd mit der breiten Seite so auf, dass die Hälfte der Klebebandbreite noch frei bleibt.

11 Rolle das Klebeband mit den daran klebenden Kreppbandstreifen um deine Fingerspitzen und klebe alles von unten an die Innenseite der Klopapierrolle.

12 Fertige eine Schleife zum Aufhängen an, indem du das Garnstück mit zwei Stück Klebeband an der Innenseite der Klopapierrolle auf Augenhöhe befestigst.

DEUTSCHLAND

GARTENZWERGE

In Deutschlands Gärten kann man lustige Wesen entdecken. Sie verstecken sich zwischen Pflanzentöpfen, stehen mitten im Blumenbeet oder bewachen die Hundehütte. Manche haben eine knollige Nase, andere tragen eine Laterne in der Hand und viele haben eine rote Zipfelmütze auf dem Kopf. Keine Wichtel. Nein, Gartenzwerge! Es gibt kein Land der Welt, indem es so viele Gartenzwerge wie in Deutschland gibt.

SAUERKRAUT

Für manche ist es die liebste Beilage zu deftigen Fleischgerichten, für andere ein heimisches Superfood voller Vitamine und Mineralstoffe. In Deutschlands Kochtöpfen führt kein Weg am Sauerkraut vorbei. Probiere es aus!

KLASSIKER DER POPMUSIK

99 Luftballons. Flugzeuge im Bauch. Kinder an die Macht. Die Hits der 80er und 90er von Nena und Herbert Grönemeyer begeisterten Groß und Klein weit über die Landesgrenzen hinaus. Auch heute noch.
https://tinyurl.com/ynp62ytn

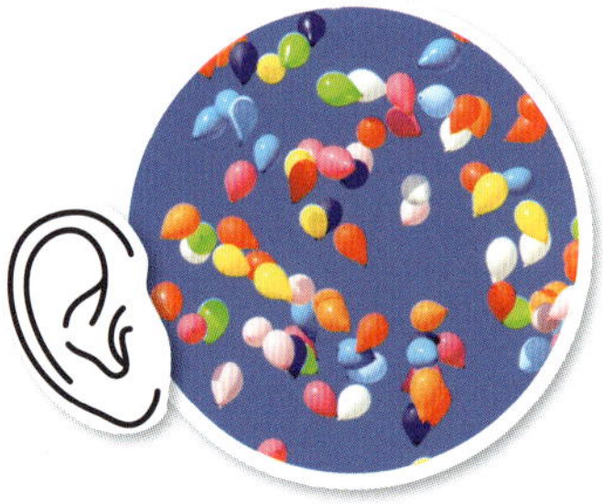

NAMEN DEUTSCHER STÄDTE

Woher stammt der Name von Berlin? Auch die Namen anderer deutscher Städte haben einen interessanten Ursprung. Hättest du das vermutet?

Berlin = Ort in einem sumpfigen Gelände
München = bei den Mönchen
Stuttgart = Stutengarten (Reitergestüt)
Dresden = Auwaldbewohner

ANLEITUNG

1 Bemale die Außenseiten der beiden kleineren Tontöpfe mit roter Acrylfarbe.

2 Bemale den dritten Tontopf mit blauer Acrylfarbe. Lass die Farbe trocknen.

3 Male einen langen, gelben Bart auf den blauen Tontopf.

4 Setze die Tontöpfe in absteigender Größe aufeinander.

5 Klebe die Holz-Halbkugel als Nase auf die Oberkante des blauen Topfes.

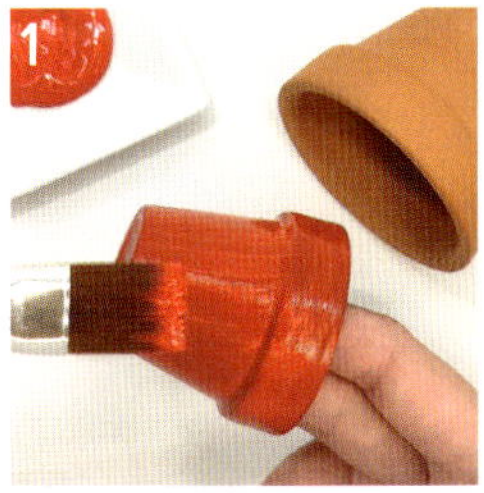

2

3

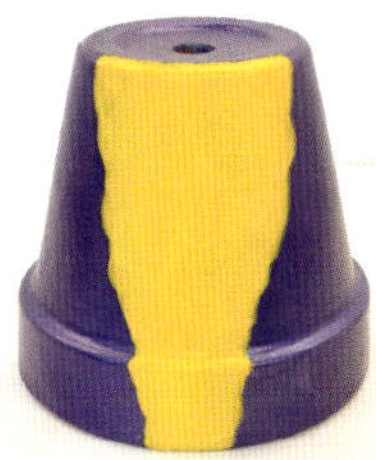

TIPP

Bastle deinem Gartenzwerg aus Pfeifenputzern eine lustige Brille und befestige sie mit Bastelkleber oberhalb der Nase am Tontopf. Du kannst zum Bemalen der Töpfe auch andere Farben verwenden.

MATERIAL

- 3 Tontöpfe, in 3 aufeinander stapelbaren Größen
- Acrylfarbe in Rot, Blau, Gelb
- kleine Holz-Halbkugel
- Bastelkleber
- Borstenpinsel
- Arbeitsunterlage
- optional: Pfeifenputzer

MEXIKO

OJO DE DIOS

Ein Ojo de Dios ist ein Webstück aus überkreuzten Ästen mit einer großen traditionellen und spirituellen Bedeutung für viele Menschen in Lateinamerika. Es folgt einer alten Tradition indigener Völker Mexikos, wonach für jedes neugeborene Kind ein Ojo de Dios angefertigt wird. Bis zum fünften Lebensjahr wird mit jedem Jahr eine neue Farbe hinzu gewebt. Und zwar gemeinsam mit einem Wunsch für das Kind. Das Ojo de Dios soll vor Unheil und Krankheit schützen. Das ursprüngliche Webmaterial ist gefärbte Alpakawolle und die Enden der Äste stehen für die Elemente Erde, Wasser, Luft und Feuer.

ARROZ CON LECHE

Klar, typisch mexikanisch sind auch Tortillas, Burritos und Tacos. Aber wusstest du auch, dass hausgemachter Milchreich ein Klassiker der mexikanischen Küche ist? Zudem ist er ein idealer Begleiter zu den würzig-scharfen Gerichten. So einfach, so cremig und so gut.

MEXIKANISCHE MUSIK

Die Musik Mexikos ist voller Lebensfreude, Leidenschaft und Temperament. So auch die Songs der mexikanischen Musikerin Natalia Lafourcade. Hör mal rein! Kannst du da noch ruhig sitzen bleiben?
https://tinyurl.com/4bud2njz

DIA DE LOS MUERTOS

Am 1. und 2. November wird das Totenfest, der Dia de los Muertos, gefeiert. Die Häuser werden mit bunten Schädeln und Skeletten geschmückt. Es wird gegessen und getanzt.

MATERIAL

- 2 gerade Äste, ca. fingerdick, je 10-20 cm lang
- Wollgarn, Farben nach Wahl
- Schere

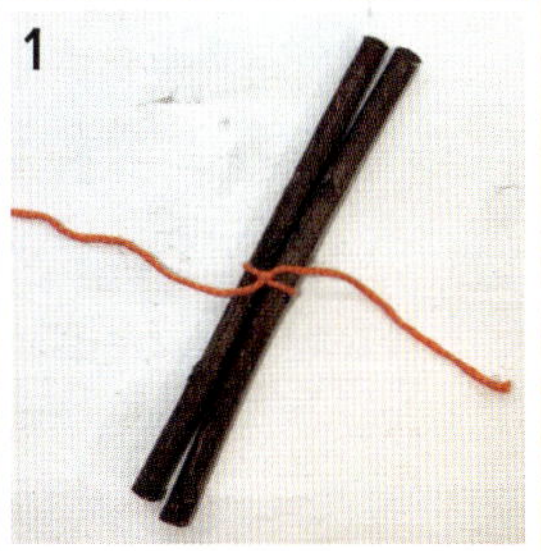

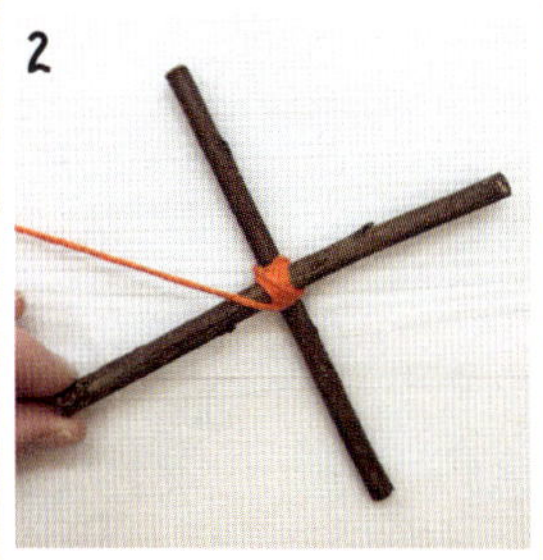

ANLEITUNG

1 Lege die beiden Äste nebeneinander und verknote sie mit dem Wollgarn in der Mitte mit einem Doppelknoten. Schneide das kurze Ende des Garns nahe am Knoten ab. Das andere Garnende wird noch nicht abgeschnitten.

2 Drehe die Äste so auseinander, dass ein Kreuz mit rechten Winkeln zwischen den Ästen entsteht. Zum Fixieren mehrmals mit Garn umwickeln.

3 Wickle das Garn direkt an der Überkreuzung um den ersten Ast. Führe das Garn dabei von oben beginnend einmal um den Ast und führe ihn danach straff weiter zum folgenden Ast. Wiederhole das Umwickeln, bis du einen Farbenwechsel machen möchtest.

4 Schneide für den Farbwechsel das Wollgarn ab und verknote es mit dem neuen Wollgarn. Schneide die beiden kurzen Garnenden nahe dem Knoten ab.

5 Wickle das Garn wie in Schritt 3 beschrieben weiter um die Äste, bis du wieder die Farbe wechseln möchtest.

6 Lass die letzten 2 cm der Äste frei. Schneide das Garn mit ausreichend Länge zum Aufhängen ab und wickle es ein paar Mal um den letzten Ast. Verschließe das Garn mit einer doppelten Schlaufe.

TIPP

Achte darauf, dass die Knoten beim Farbenwechsel immer auf der Rückseite des Webstücks liegen.

BRASILIEN

REGENWALDBLÄTTER

Regenwälder sind Wälder, in denen es besonders feucht ist und viel regnet. Im Nordwesten Brasiliens befindet sich ein großer Teil des größten tropischen Regenwalds der Welt. Der immergrüne Amazonas-Regenwald beheimatet viele verschiedene Tier- und Pflanzenarten. Die vielen Pflanzen erzeugen sehr viel Sauerstoff. Deshalb nennt man den Amazonas-Regenwald auch „die grüne Lunge der Welt". Leider ist der Regenwald in Gefahr. Um Land zu gewinnen und Holz zu verkaufen, werden große Gebiete gerodet.

PÃO DE QUEIJO

Die käsigen Bällchen aus der brasilianischen Küche sind der perfekte Snack für Partys oder gemütliche Abende. Traditionell werden sie mit Minas-Käse zubereitet. Probiere das Rezept aus!

KAFFEE

In keinem Land der Welt wird mehr Kaffee angebaut wie in Brasilien. Weil der brasilianische Kaffee so beliebt ist, wird er in viele Länder exportiert. Bekannte brasilianische Kaffeesorten heißen Arabica und Robusta. Kennst du den Geruch von Kaffee?

FUSSBALL

In Brasilien wird überall Fußball gespielt. Da nicht jedes Kind einen Fußball hat, wird auch mal ein zusammengeknoteter Stofffetzen zu einem Ball umfunktioniert. Hast du das auch schon mal probiert?

ANLEITUNG

1 Übertrage für die Schablone die Vorlage „Regenwaldblatt“ auf Fotokarton und schneide sie aus.

2 Falte das grüne Tonpapier der Länge nach in der Mitte zusammen. Lege die angefertigte Schablone mit der langen, geraden Kante direkt an die Falzkante des Tonpapierbogens. Übertrage das Motiv mit dem Bleistift, schneide es aus und klappe das Blatt auseinander.

3 Stanze mit der Stopfnadel in eine der beiden Blatthälften oben ein kleines Loch. Schneide etwas grünes Knüpfgarn ab. Fädle das Garn durch das Loch und fixiere es mit einem Doppelknoten.

4 Wiederhole Schritt 2 und 3 für vier weitere Regenwald-Blätter.

5 Knüpfe alle fünf Regenwald-Blätter mit etwa 15 cm Abstand zwischen den Blättern an das Jutegarn. Schneide das überstehende grüne Garnende in Knotennähe ab.

6 Schneide für die Lianen vier 80-120 cm lange Streifen Kreppband ab und befestige die Streifen zwischen den Blättern am Jutegarn.

7 Knote zwei Schlaufen in die beiden Enden des Jutegarns zum Aufhängen der Girlande.

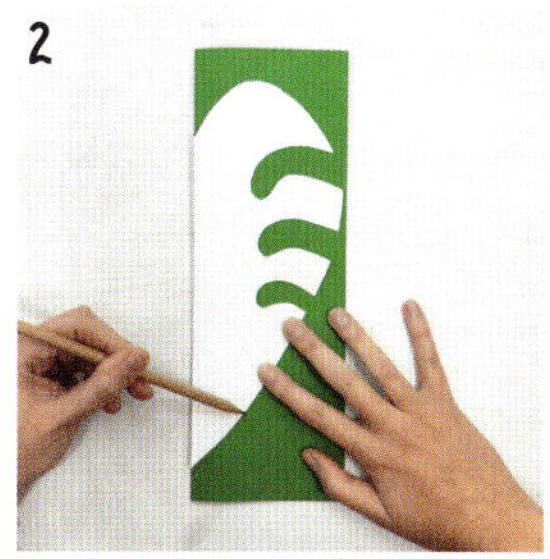
2

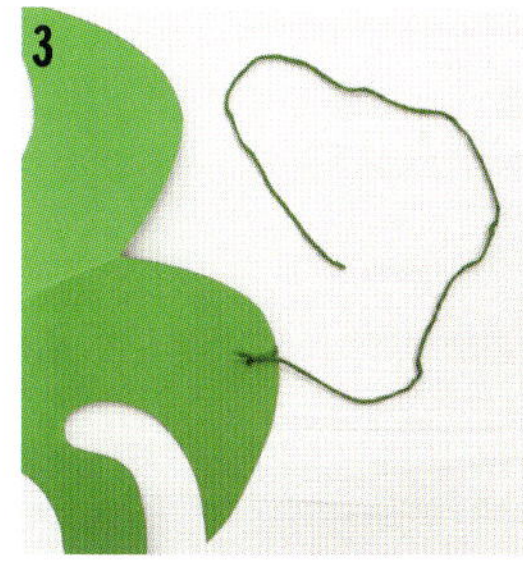
3

5

6

MATERIAL

- Fotokarton, A4
- 5 Bogen Tonpapier, A4, verschiedene Grüntöne
- Knüpfgarn in Grün, ca. 3 m lang
- Jutegarn, ca. 2 m lang
- Kreppband in Grün, ca. 2-4 cm breit
- Bleistift
- Schere
- große Stopfnadel
- Lineal
- Vorlage „Regenwaldblatt“ (Seite 110)

MATERIAL

- Fotokarton, A4
- Canvas Stoff, Farbe nach Wahl, ca. 30 cm x 20 cm
- Acrylfarben, nach Wahl
- Metallöse (ca. ø 5 mm)
- Alu-Draht (ca. ø 2 mm, 9 cm lang)
- Filzstift
- Schere
- Plastikkarte (z.B. Kundenkarte)
- Ösenzange mit Öse
- Vorlage „Aprilfisch“ (Seite 112)
- optional: Dotting Tools
- optional: Bastelfilz und Bastelkleber

2

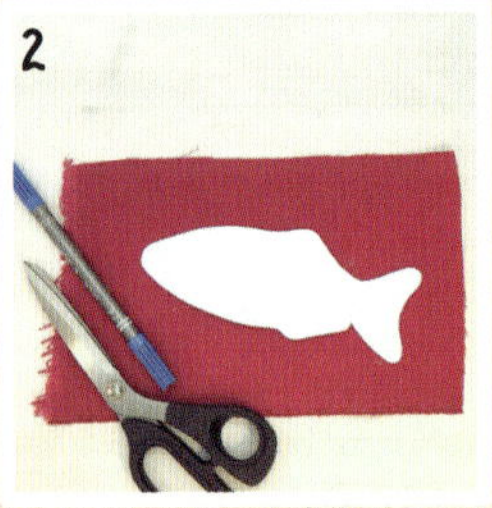

3

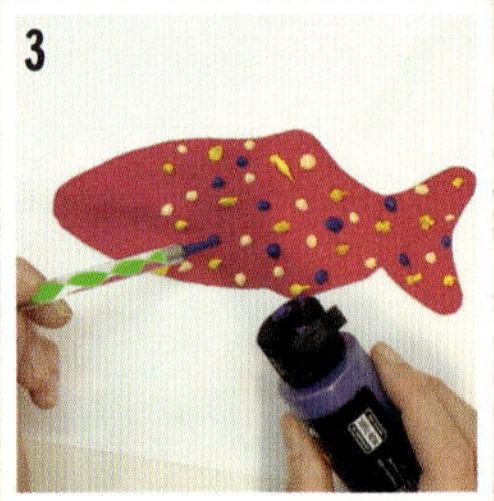

4

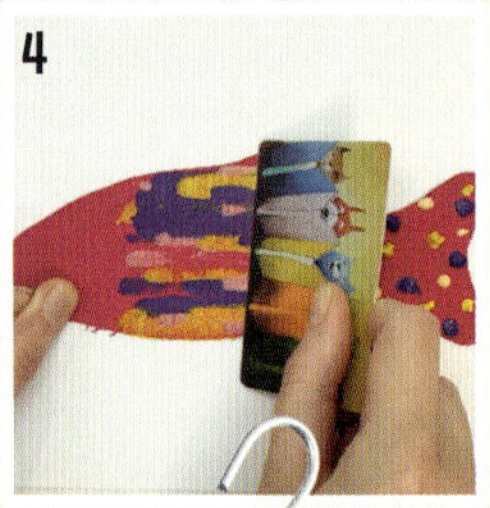

5

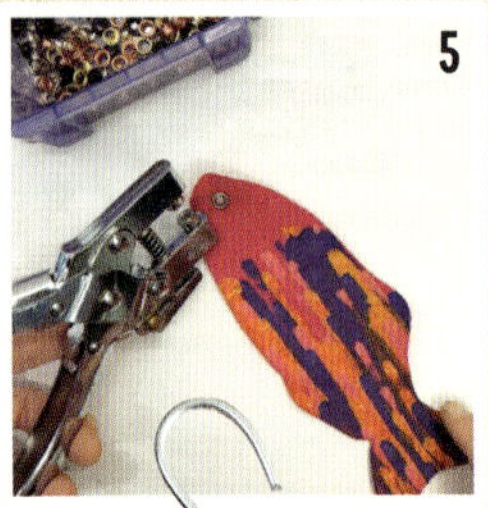

6

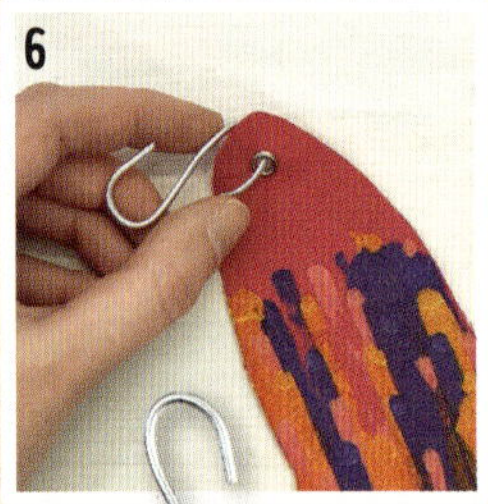

ANLEITUNG

1 Übertrage für die Schablone die Vorlage „Aprilfisch“ auf den Fotokarton und schneide sie aus.

2 Übertrage die Schablone mit Filzstift auf den Canvas Stoff und schneide den Fisch aus.

3 Drücke in regelmäßigem Abstand kleine Acryl-Farbkleckse auf den Körper des Stoff-Fisches, aber lass den Kopf frei. Verwende dabei unterschiedliche Farben. Optional kannst du die Farbe auch mit Dotting Tools auf den Stoff übertragen.

4 Streiche mit der breiten Seite der Plastikkarte in einem Zug über alle Farbkleckse. Beginne unterhalb des Kopfes und ende bei der Schwanzflosse. Lass die Farbe trocknen.

5 Bringe mit der Ösenzange eine Öse am oberen Ende des Fischkopfes an.

6 Forme den Alu-Draht zu einem „S“ und hänge ihn durch die Öse. Drücke den Draht bei der Öse sanft zusammen, damit der Fisch nicht mehr vom Haken rutschen kann.

TIPP

Wenn dein Fisch etwas mehr Stabilität braucht, kannst du in Schritt 2 den Canvas Stoff mit Bastelfilz verstärken.

FRANKREICH

APRILFISCHE

Bonjour! In Frankreich haben Kinder am 1. April viel zu lachen. An diesem Tag basteln sie im ganzen Land farbenfrohe „Aprilfische". Heimlich werden die gebastelten Fische am Rücken von Freunden und Erwachsenen befestigt. Umso länger die Bastelstücke dort unbemerkt bleiben, umso größer ist der Spaß.

CROQUE MONSIEUR

Die französische Variante des Schinken-Käse Sandwiches nennt sich Croque Monsieur. Noch ein Spiegelei on top? Schon hast du ein Croque Madame geschaffen.

LAVENDEL DER PROVENCE

Wer zur Blütezeit des Lavendels durch die französische Region Provence reist, wird von Lavendelduft umhüllt. Gib ein paar Tropfen Lavendelöl in ein Duftlämpchen, schließe die Augen, atme tief ein und lass dich vom blumigen Duft mit der beruhigenden Wirkung verzaubern.

FRENCH CAFE

Bistros und Cafés mit gutem Essen sind ein fixer Bestandteil der französischen Lebenskunst. Man nennt diese Art zu leben „savoir-vivre", was so viel bedeutet wie „verstehen, zu leben". Dabei darf die passende Musik nicht fehlen.
https://tinyurl.com/32hz7hzr

PORTUGAL

AZULEJOS
PORTUGIESISCHE FLIESEN

In Portugal sieht man sie überall: Azulejos. Das sind bemalte Keramikfliesen, die zusammengesetzt ein Wandbild oder ein wunderschönes Muster ergeben. Die dekorativen Fliesen zieren Fassaden von Häusern, Kirchen, Klöstern, Bahnhöfen oder sogar U-Bahn-Stationen. Bemalt werden die Fliesen mit geometrischen Mustern, Ornamenten, Blumen- und Vogelmotiven.

PÃO DE LÓ

Probiere das Ruckzuck-Rezept der luftig-weichen Biskuitküchlein aus der Backstube Portugals.

FADO

Fado ist fad? Keineswegs! Der portugiesische Musikstil bringt mit viel Gefühl jedes Ohr zum Lauschen. In den Liedern werden Geschichten aus dem Alltag erzählt und die Liebe kommt auch nicht zu kurz.

https://tinyurl.com/ymsm95bh

12 WEINTRAUBEN

Bräuche gibt es überall auf der Welt. In Portugal gibt es einen besonders kuriosen Silvesterbrauch. Während anderswo die Sektkorken knallen, essen Portugiesen (und übrigens auch Spanier) um Punkt Mitternacht 12 Weitrauben. Das soll Glück bringen.

MATERIAL

- Fliese in Weiß, ca. 10 cm x 10 cm
- Papierbogen mit Azulejos-Muster, Laserausdruck (kein Tintenstrahlpapier), gleiche Größe wie Fliese
- Fototransferlösung
- Fototransfer-Überzugslack
- Mikrofasertuch
- Schwamm
- Rakel (alternativ ein Geodreieck oder eine alte Kundenkarte)
- Föhn (optional)
- Schale mit Wasser
- breiter Borstenpinsel

ANLEITUNG

1 Reinige die Oberfläche der Fliese mit einem feuchten Tuch, damit sie frei von Staub und Fett ist.

2 Trage die Fototransferlösung mithilfe des Schwamms erst auf der gesamten Vorderseite der Fliese auf, danach auf der Vorderseite des Papierbogens. Vergiss hierbei nicht die Ecken.

3 Platziere das Papier sofort auf der Fliese, sodass die beiden eingestrichenen Seiten einander berühren.

4 Drücke das Papier sanft mit der Handfläche an und streiche es mit der Rakel fest und gleichmäßig auf die Fliese auf. Streiche dabei von innen nach außen. Achte darauf, das Papier auch auf den Fliesenkanten und -ecken gut festzudrücken. Wische überflüssige Fototransferlösung mit dem Tuch ab.

5 Lass die Fliese für 24 Stunden trocknen. Wenn du es eilig hast, kannst du die Fliese alternativ zehn Minuten lang heiß föhnen. Beachte die Anleitungen der benutzten Fototransferlösung (es kann Unterschiede im Gebrauch geben).

6 Tauche die getrocknete Fliese für ein paar Sekunden in eine Schale mit Wasser ein.

7 Reibe dann die aufgeweichte Papierschicht sanft mit den Fingern von der Fliesenmitte ausgehend von der Fliese ab. Bei Bedarf wiederholen. Sei bei den Kanten und Ecken besonders vorsichtig.

8 Lass die Fliese trocknen und bestreiche sie abschließend mit dem Fototransfer-Überzugslack.

SCHWEIZ

SCHERENSCHNITT

Ursprünglich kommt der Scherenschnitt aus China und Persien. Dort wurde das Handwerk vor sehr vielen Jahren entwickelt. Im Laufe der Zeit fand das Kunsthandwerk seinen Weg nach Europa und somit auch in die Schweiz, wo es bis heute erhalten geblieben ist. Von ländlichen Motiven bis modernen geometrischen Formen – dem kreativen Schneiden werden hier keine Grenzen gesetzt.

BIRCHER MÜSLI

Wenn du viel Kraft für den Tag brauchst oder sogar die Berge der Schweiz erklimmen möchtest, dann starte doch mit einem Original Bircher Müsli in den Morgen.

ALPENKRÄUTER

Kräutertee hat in der Schweiz Tradition. Beliebte Teemischungen bestehen aus Minzen, Eisenkraut und Melisse. Gib ein paar Tropfen Edelweiß-Öl in eine Duftlampe, schließe die Augen und genieße den frisch-herb-süßlichen Duft der Gebirgspflanze.

MANI MATTER

Wer die Schweiz „verstehen“ möchte, lauscht den Liedern von Mani Matter. Der bekannte Berner Mundartliedermacher und Wortkünstler mit Kultstatus verstand es, alltägliche Situationen in witziger Art zu vermitteln. Hör rein!

https://tinyurl.com/4csvjs5p

MATERIAL

- Fotokarton, A4
- Porträtfoto (Seitenansicht), ausgedruckt auf weißem Kopierpapier, A4
- Tonpapier in Schwarz und Weiß, je A4
- Bleistift, weiche Mine
- Schere, mittelgroß, spitz
- Radiergummi
- Klebestift
- Lackmarker in Schwarz
- Vorlage „Rahmen" (Seite 107)

ANLEITUNG

1 Übertrage für die Schablone des Bilderrahmens die Vorlage „Rahmen" auf den Fotokarton und schneide diese aus.

2 Fertige mithilfe der Schablone und dem weißen Tonpapier den Rahmen für das Schattenbild an.

3 Male die Rückseite des ausgedruckten Fotos mit dem weichen Bleistift flächig an, drehe es um und lege das schwarze Tonpapier darunter.

4 Fahre mit dem Bleistift die Kontur des Kopfes nach und drücke fest auf. Vergiss dabei Details wie z.B. Haarsträhnen nicht. So überträgst du die Kontur auf das schwarze Papier. Überprüfe, ob die Kontur gut übertragen wurde. Falls notwendig, ziehe die Kontur nochmals nach.

5 Schneide das übertragene Schattenbild sorgfältig entlang der Kontur aus und entferne alle vorhandenen Bleistiftkonturen mithilfe eines Radiergummis.

6 Klebe das Schattenbild mittig in den Rahmen und verziere den Rand mit dem Lackmarker.

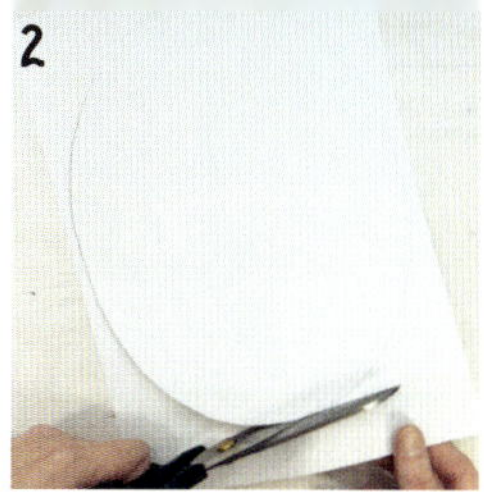

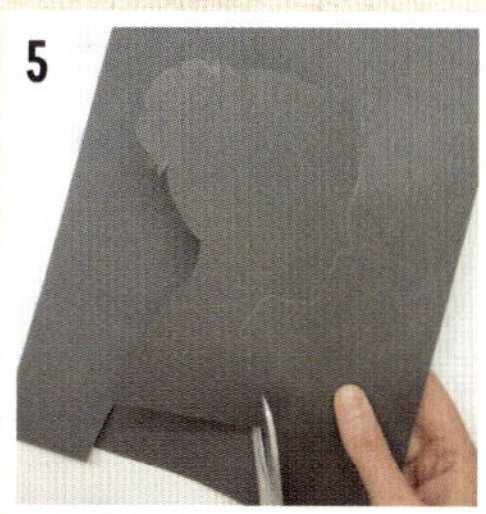

TIPP

Mit einer Silhouettenschere oder einer Nagelschere lassen sich filigrane Details besonders gut ausschneiden. Probiere es aus!

IRLAND

BLARNEY STONE

Das alte Schloss Blarney im Südwesten Irlands beherbergt einen sagenumwobenen „Stein der Sprachgewandtheit“. Wer den Stein küsst, soll die Gabe der Redekunst erhalten. Diese Legende geht auf eine Reihe von Geschichten aus der Vergangenheit zurück. Ob man nach dem Steinkuss tatsächlich super Reden schwingen kann, sei dahingestellt. Fakt ist, dass jährlich zehntausende Menschen zum Blarney Stone pilgern, um dem Stein einen dicken Schmatzer aufzudrücken.

CHAMP

Kartoffelgerichte sind ein fixer Bestandteil der Küche Irlands. Die irische Form des Kartoffelpürees heißt Champ. Das traditionelle Gericht wird gerne auch mit Spiegelei, Roastbeef oder Würsten serviert. Als Hauptspeise schmeckt es aber genauso gut.

DAVE MCKENDRY

Mit dem Fahrrad machte sich der Musiker Dave McKendry von Nordirland aus auf eine Reise quer durch Europa. In Spanien stieß er auf eine alte Gitarre, die seine Begleiterin werden sollte. Hör rein!
https://tinyurl.com/y2vzj6z6

GRÜN

Am 17. März feiern die Iren den St. Patricks Day. Das ist ein Feiertag in Irland. An diesem Tag haben viele Inselbewohner frei. Soweit das Auge reicht, verwandelt sich das Land in Grün. Grüne Kleidung, grüne Haare, grünes Essen, grün dekorierte Gebäude!

2

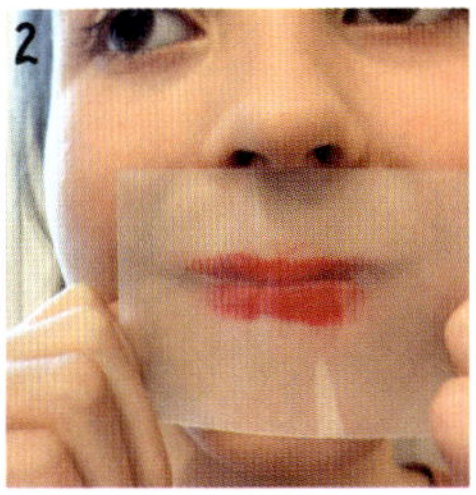

3

4

5

ANLEITUNG

1 Bemale den Stein mit grüner Acrylfarbe. Lass die Farbe trocknen.

2 Bemale deine Lippen mit dem Lippenstift und küsse die Schrumpffolie auf der rauen Seite, sodass sich dein Kussmund auf die Schrumpffolie überträgt. Schneide den Kussmund aus.

3 Schrumpfe die Folie entsprechend der Anleitung. In der Regel muss die Folie bei 120-170°C für wenige Minuten in den Backofen.

4 Klebe den zusammengeschrumpften Kussmund mit etwas Bastelkleber auf den Stein. Klebe die Kulleraugen darüber.

5 Fertige aus dem Wollgarn Haare an. Du kannst entweder einen kleinen Pompon machen oder eine Masche wickeln.

MATERIAL

- Stein, handgroß
- Acrylfarbe in Grün
- Lippenstift in Rot
- ein kleines Stück Schrumpffolie, ca. 8 cm x 5 cm
- 2 Kulleraugen
- Wollgarn in Hellgrün
- Borstenpinsel
- Farbschälchen
- Schere
- Bastelkleber, transparent trocknend

MATERIAL

- gerader Ast, ca. ø 2,5 cm, ca. 50 cm lang
- PET-Flasche, 1,5 l, leer
- Transparentpapier in Feuerfarben (Gelb-, Orange- und Rottöne)
- Alu-Folie
- Lackmarker
- Cutter mit Schneideunterlage
- Heißklebepistole
- Schere
- Kleister
- Borstenpinsel, breit
- Bastelkleber
- Arbeitsunterlage
- LED-Lichterkette

ANLEITUNG

1 Entferne das Etikett der PET-Flasche. Schneide nach 15 cm ab Flaschenöffnung die Flasche mit dem Cutter in der Mitte durch. Verwende den Lackmarker zum Markieren.

2 Schnitze den Ast an einem Ende mit dem Cutter so zu, dass er in den Flaschenhals gesteckt werden kann und dabei nicht verrutscht. Lass dir hierbei von einem Erwachsenen helfen.

3 Stecke den Ast in den Flaschenhals und fixiere ihn bei Bedarf zusätzlich mit Heißkleber.

1

2

4

5

7

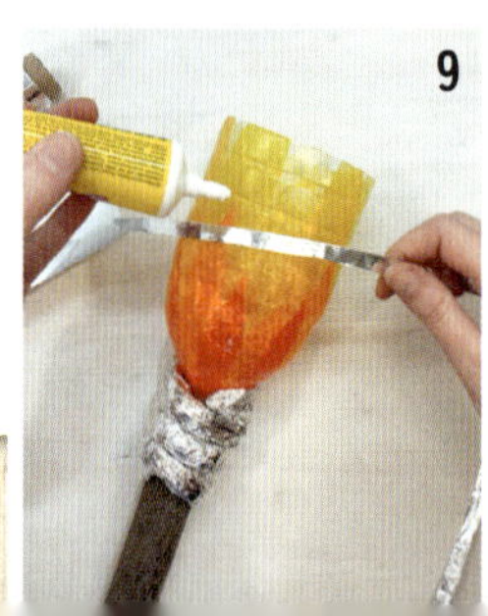

9

4 Schneide aus dem gelben und orangenen Transparentpapier 15 spitz zulaufende, 2-4 cm breite Flammen zu. Sie sollten etwas länger als die zugeschnittene Flasche sein. Schneide nun aus dem orangenen und roten Transparentpapier 20 kleine, 2-3 cm breite Flammen, die ca. bis zur Mitte der zugeschnittenen Flasche reichen.

5 Bestreiche die Flasche außen mit Kleister. Bringe nun zuerst die großen, anschließend die kleinen Flammen mit weiterem Kleber und Pinsel auf der Flasche auf. Lass alles gut trocknen.

6 Schneide danach die überstehenden Spitzen der großen Flammen entlang der Flaschenkante ab.

7 Forme eine ca. 60 cm lange und fingerdick breite Rolle aus Alu-Folie. Umwickle den Ast beim Flaschenhals damit. Nimm die Rolle wieder ab, ohne die Form dabei zu verändern. Lege sie griffbereit zur Seite.

8 Gib nun etwas Heißkleber auf die Stelle, an der zuvor die Alu-Folien-Rolle aufgewickelt war, und schiebe die Rolle von unten bis zum Flaschenhals, sodass sie durch den Heißkleber fixiert wird. Lass dir hierbei von einem Erwachsenen helfen.

9 Falte drei bleistiftdicke Alu-Folien-Streifen. Fixiere den ersten mit Bastelkleber an der Schnittkante der Flasche, den zweiten und dritten mit etwas Abstand zueinander darunter.

10 Schalte die LED-Lichterkette ein und lege sie in die fertig gebastelte Fackel.

GRIECHENLAND

OLYMPISCHES FEUER

Die Olympischen Spiele gibt es schon sehr lange. Bereits in der Antike haben sich Sportler in verschiedenen Sportarten gemessen. Das wichtige Sportereignis findet heute an unterschiedlichen Orten der Welt statt. Seinen Ursprung hat es jedoch in Griechenland. Der Austragungsort der Spiele in der Antike war Olympia auf der griechischen Halbinsel Peloponnes. Bereits in der Antike wurde ein Feuer zu Ehren der Göttin Hestia entzündet. Auch heute ist das olympische Feuer ein wichtiges Element der Eröffnungsfeier.

KARIDI GLIKA ME JAÚRTI

Griechischer Joghurt wird aus der Milch von Kühen, Schafen oder Ziegen gemacht. Er ist sehr cremig und hat meistens einen höheren Fettanteil als andere Joghurt-Varianten. Mit süßem Honig und knackigen Nüssen schmeckt er besonders gut. Probiere es aus!

GRIECHISCHE KRÄUTER

In Griechenland wachsen viele verschiedene Kräuter. Sie werden als Heilkräuter oder zum Würzen von Speisen verwendet. Bekannte griechische Kräuter sind Rosmarin, Salbei, Thymian oder Oregano. Rieche an ihren Blättern!

BOUZOUKI KLÄNGE

Die Bouzouki ist ein Saiteninstrument und sieht ähnlich wie eine Gitarre aus, nur kleiner und birnenförmiger. Zum Einsatz kommt sie häufig in der traditionellen griechischen Volksmusik. Lauscher auf!

https://tinyurl.com/24hpatpr

HAWAII

LEI BLUMENKRANZ

Aloha! Wer die Inselkette Hawaii im Pazifischen Ozean besucht, wird mit farbenfrohen Kränzen aus Blüten und Blättern empfangen. Lei Kränze gehen auf eine lange hawaiianische Tradition zurück, in der Blumen zum Dank an Götter geopfert wurden. Lei Kränze sind nicht nur Willkommensgeschenke, sondern begleiten die hawaiianische Bevölkerung bei verschiedensten Anlässen durch das gesamte Leben.

BANANA-MACADAMIA PANCAKES

Fluffige Pancakes gefüllt mit warmen Bananen und knackigem Macadamia-Topping. Ein Genuss! Probiere die süße Köstlichkeit der hawaiianischen Küche.

FRANGIPANI

Gib ein paar Tropfen Frangipani-Öl in eine Duftlampe, schließe die Augen und entspanne dich beim herrlich tropischen Blütenduft.

SHAKA-GRUSS

Eine geschlossene Faust mit gespreiztem Daumen und Zeigefinger – das ist die hawaiianische Form zu grüßen, gerne mit einem „Aloha“ oder „Bleib locker“ in Kombination. Ziemlich cool!

MATERIAL

- Fotokarton, A5
- Seidenpapier, Farben nach Wahl
- Nähgarn in Weiß
- Bleistift
- Geodreieck, groß
- Schere
- Nadel, groß

ANLEITUNG

1 Fertige mithilfe des Geodreiecks aus dem Fotokarton eine Schablone für die Lei-Blüte in Form eines 12 cm x 9 cm großen Rechtecks an.

2 Lege pro Farbe vier Seidenpapiere übereinander. Übertrage nun mit der Schablone insgesamt 23 Rechtecke auf die verschiedenen Seidenpapiere und schneide sie vierlagig aus.

3 Falte für die Blüte jeweils vier übereinandergelegte Rechtecke der Länge nach in Ziehharmonika-Technik auf eine Breite von ca. 1 cm.

4 Falte das entstandene Rechteck in der Mitte zusammen und schneide es nach deinem Geschmack an den schmalen Enden zu.

5 Lege ein ca. 15 cm langes Garn um die mittlere Faltungslinie und verknote es eng mit einem Doppelknoten. Schneide die überstehenden Garnenden in Knotennähe ab.

6 Fächere beide Hälften der Blüte auf, indem du die einzelnen Schichten des Seidenpapiers sanft auseinanderziehst.

7 Wiederhole die Schritte 3 bis 6 für die weiteren zweiundzwanzig Blüten.

8 Fädle nun eine Blüte nach der anderen vorsichtig mit Nadel und Nähgarn auf. Schneide nach der letzten Blüte das Nähgarn ab und verschließe den Blumenkranz mit einem Doppelknoten.

3

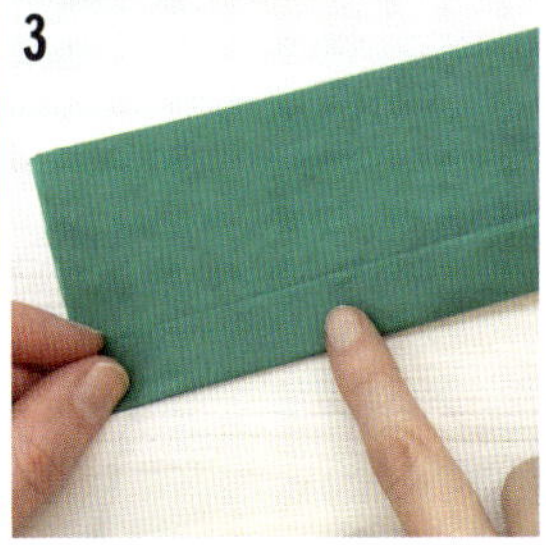

4

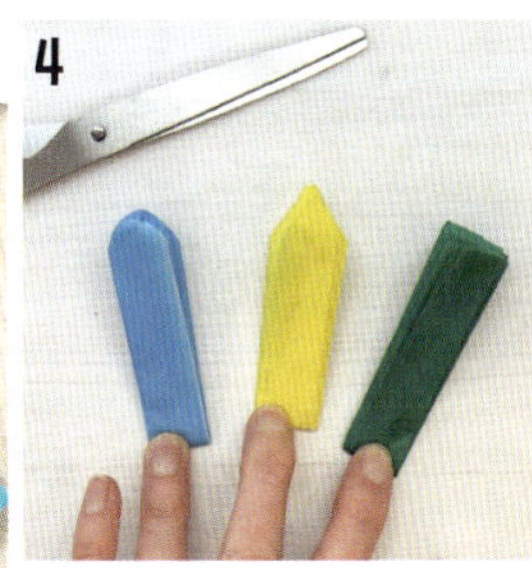

5

6

8

SPANIEN

KASTAGNETTEN

Magst du Geschichten? In der Region Andalusien im Süden von Spanien werden Geschichten „getanzt". Der ausdrucksvolle Tanz heißt Flamenco und ist sehr beliebt. Begleitet wird der Tanz durch Gesang und Gitarrenmusik. Zudem werden Fächer und Kastagnetten gekonnt eingesetzt. Kastagnetten sind Musikinstrumente, die sich aus zwei kleinen Holzschalen zusammensetzen und mit den Händen gespielt werden.

TORTILLA DE PATATAS

Das spanische Kartoffel-Omelett zählt zu den beliebtesten Speisen der Spanier. Wenige Zutaten, eine einfache Zubereitung und ruckzuck steht das herzhafte Gericht auf dem Tisch. Lass es dir schmecken!

ORANGENDUFT

Gib ein paar Tropfen Orangenöl in eine Duftlampe, schließe die Augen und rieche den süßlich-fruchtigen Duft der Orange. Die Frucht ist nicht nur unglaublich lecker, ihr Duft soll die Stimmung heben und gegen Stress wirken. Probiere es aus!

FLAMENCO MUSIK

Lass deine gebastelten Kastagnetten zum Rhythmus des Flamencos klappern. Fällt dir auf, wie gut die Musik mit den Klängen der Kastagnetten harmoniert? Welche Geschichte möchtest du erzählen?

https://tinyurl.com/2p8h5t3d

MATERIAL

- Fotokarton, A5
- Wellpappe, A4
- Acrylstifte, Farben nach Wahl
- 4 Kronkorken
- 2 Gummibänder
- Bleistift
- Schere
- Bastelkleber
- Vorlage „Kastagnetten“ (Seite 104)

ANLEITUNG

1 Übertrage für die Schablone die Vorlage „Kastagnetten“ auf den Fotokarton und schneide sie aus.

2 Falte die Wellpappe in der Mitte, sodass eine Falzkante entsteht. Lege die angefertigte Schablone mit der geraden Unterkante auf die Falzkante der Wellpappe. Übertrage die Umrisse mit dem Bleistift und schneide die erste Kastagnette aus.

3 Bemale die ausgeschnittene Kastagnette auf beiden Seiten. Verziere die Oberseite mit einem schönen Muster.

4 Bemale die Oberseiten der Kronkorken. Lass die Farbe trocknen.

5 Klebe die Kronkorken mit dem Bastelkleber auf die beiden Innenseiten der Kastagnette. Achte darauf, dass sich die Kronkorken beim Zusammendrücken der Pappkartonhälften direkt berühren.

6 Wiederhole Schritt 2 bis 5 für die zweite Kastagnette.

7 Wenn du deine Kastagnetten nicht verwendest, wickle um jede Kastagnette ein Gummiband. So bleiben sie bis zum nächsten Einsatz kompakt.

2

3
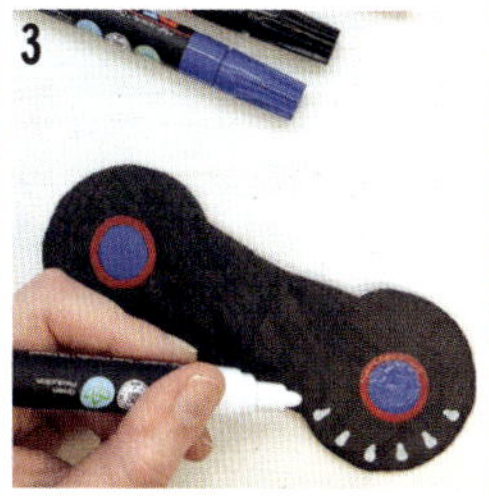

4

5
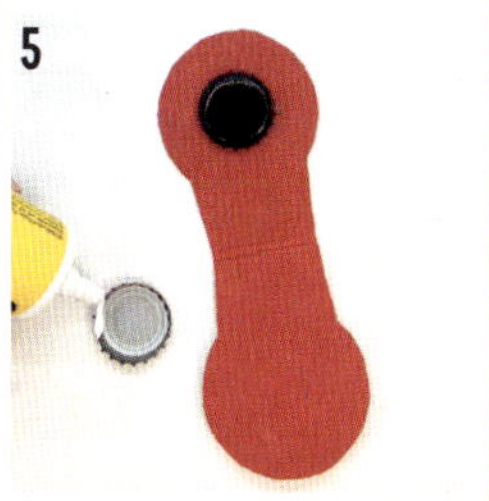

TIPP

Anstelle der Kronkorken kannst du auch die Hälften von Walnussschalen verwenden.

VIETNAM

PAPIERFÄCHER

In Vietnam kann es sehr heiß und schwül werden. Fächer sind daher sehr beliebt. Durch das Hin- und Herwedeln der Luft vor dem Gesicht verschaffen sie Abkühlung an heißen Tagen. Ein Papierfächer wird mit handwerklichem Können hergestellt. Nach einer traditionellen vietnamesischen Technik werden mit einer Nadel kleine Löcher in den Fächer gestochen. Hält man den Fächer aufgespannt in das Sonnenlicht, ergeben sich wunderschöne filigrane Muster.

GỎI CUỐN

Dieser frische Snack ist ein wahrer Sommer-Hit. Du kannst die Zutaten vollkommen frei nach deinem Geschmack wählen. Lass dich von der Leichtigkeit der vietnamesischen Küche verzaubern.

LAND DES LÄCHELNS

Neben einer wunderschönen Landschaft, einer faszinierenden Kultur und leckerem Essen trifft man hier auf freundliche Menschen, die dir stets ein Lächeln schenken. Es ist hier ein Zeichen von Respekt. Außerdem wirkt sich Lachen positiv auf dein Wohlbefinden aus!

REISSCHALE VIETNAMS

Der Mekong gehört zu den größten Flüssen der Welt. Das Mekongdelta (hier fließt der Fluss ins Meer) hat einen sehr fruchtbaren Boden. Jedes Jahr werden hier viele Millionen Tonnen Reis geerntet. Deshalb wird diese Region auch häufig „die Reisschale Vietnams“ genannt.

ANLEITUNG

1 Bemale die Holzstäbchen auf beiden Seiten.

2 Falte das Papier der Länge nach in der Mitte. Klappe es wieder auf und schneide es entlang der entstandenen Falzkante in zwei Hälften. Lege einen Papierstreifen zur Seite. Du benötigst ihn nicht mehr.

3 Falte den anderen Papierstreifen der Länge nach in Ziehharmonika-Technik mit einer Streifenbreite von ca. 1 cm.

4 Klebe ein bemaltes Holzstäbchen an die erste Papierfalte und das zweite Stäbchen an die letzte Papierfalte.

5 Schneide mit der Schere ein Muster in die Papier-Ziehharmonika. Achte darauf, nicht zu viel Papier wegzuschneiden, damit der Fächer stabil genug bleibt.

6 Fächere den Papierfächer etwas auf und klebe abschließend die unteren Enden der Holzstäbchen zusammen.

1

4

5

6

TIPP

Dein Papierfächer soll noch bunter sein? Bemale den Papierstreifen mit bunten Stiften, bevor du ihn zu einer Ziehharmonika faltest.

MATERIAL

- 2 flache Bastel-Holzstäbchen, 15 cm lang
- Tonpapier, A4, Farbe nach Wahl
- Filz- oder Acrylstift, Farbe nach Wahl
- spitze Schere
- Bastelkleber

VEREINIGTES KÖNIGREICH

ROTE TELEFONZELLE

Ursprünglich waren sie grau. Doch als die britische Postbehörde in den 1920er-Jahren zu einem Design-Wettbewerb ausgerufen hat, wurde die zuvor eher schlichte Telefonzelle zum Star der Straßen und Plätze Großbritanniens. Rote Telefonzellen mit dem Emblem der britischen Königskrone zieren seitdem das Land und haben Kultstatus.

SHORTBREAD

Shortbread bedeutet so viel wie „mürbes Brot". Das ursprünglich aus Schottland kommende Gebäck ist ein süßer Klassiker der Küche Großbritanniens. Es wird in unterschiedlichsten Formen gebacken und besonders gerne zum Nachmittagstee gereicht. It's tea time!

THE BEATLES

Viele britische Bands und Musiker prägen seit Jahrzehnten die Musikgeschichte. Kennst du die Rockbands *Queen* oder *The Rolling Stones*? Und dann wären da noch *The Beatles*, eine der erfolgreichsten Bands aller Zeiten. Hör rein!
https://tinyurl.com/ycknn3xk

LAND DER SCHAFE

Großbritannien ist wahrlich ein Land der Schafe. Etwa 35 Millionen Schafe durchstreifen die englische Hügellandschaft. Wann hast du zum letzten Mal ein Schaf gesehen?

ANLEITUNG

1 Schneide den oberen Teil des Tetra Paks entlang der Oberkante ab.

2 Übertrage für die Schablonen die Vorlagen „Fenster“, „Schild“ und „Dach“ auf den Fotokarton und schneide sie aus.

3 Lege die Fenster-Schablone auf die Vorderseite des Tetra Paks und zeichne acht gleichmäßig verteilte Fenster ein. Wiederhole den Vorgang auf den anderen drei Seiten. Schneide alle Fenster mit dem Cutter aus.

4 Bemale den Tetra Pak mit roter Acrylfarbe und lass ihn trocknen.

5 Schneide das Transparentpapier auf die Größe der Innenseite des Kartons zu und klebe es mit Bastelkleber an die Innenseite. Wiederhole den Vorgang auf den anderen drei Seiten.

6 Fertige mit der Schild-Schablone vier Schilder aus dem weißem Fotokarton an.

7 Schreibe „TELEPHONE“ mit dem schwarzen Stift auf jedes Schild und klebe sie oberhalb der Fenster auf jede Seite des Tetra Paks.

3

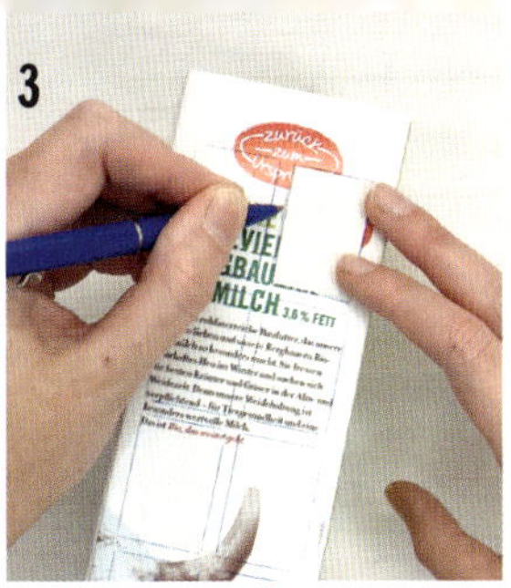

4

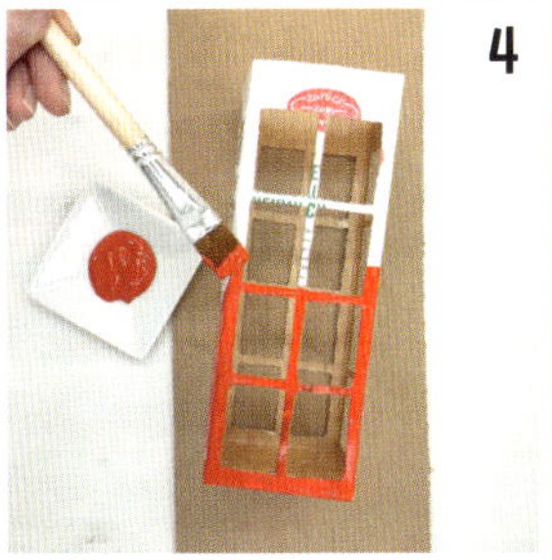

9

8 Fertige mit der Dach-Schablone vier Dachteile aus dem weißen Fotokarton an. Bemale sie auf der einen Seite mit roter Acrylfarbe, auf der anderen mit dem Goldstift.

9 Zeichne mit dem Goldstift vier Kronen auf die rote Seite. Lass unten etwas Platz.

10 Klebe die Dachteile von innen an die vier Oberkanten des Tetra Paks, sodass jeweils die roten Seiten außen sind.

11 Wenn du magst, kannst du die fertige Telefonzelle von innen mit einem LED-Teelicht oder einer LED-Lichterkette beleuchten.

MATERIAL

- Fotokarton in Weiß, A4
- Tetra Pak, 1 l, sauber und leer
- Acrylfarbe in Rot
- Transparentpapier in Weiß, A4
- Borstenpinsel
- Cutter mit Schneideunterlage
- Filzstift in Schwarz
- Goldstift (Lackmarker oder Acrylstift)
- Schere
- Bastelkleber
- Arbeitsunterlage
- Vorlagen „Fenster“, „Schild“ und „Dach“ (Seite 113)
- LED-Teelicht oder eine kleine LED-Lichterkette

INDONESIEN

WAYANG FIGUREN

Das Schattenspiel hat eine große Tradition in Indonesien. Es gibt plastische und flache Figuren. Letztere werden aus Leder hergestellt und mithilfe von Bambusstöcken hinter einer beleuchteten Leinwand bewegt. Begleitet von traditioneller Musik werden bei den Aufführungen Geschichten über das Leben gespielt.

GADO-GADO

Der warme Gemüsesalat aus Indonesien bringt Farbe in die Küche. Warum? Weil er eine bunte Mischung aus dem Gemüsefach ist. Verwertet wird, was verfügbar ist. Nur die würzige Erdnusssauce ist ein Muss im Gericht. Dieser Salat schmeckt köstlich.

ZEIT

Hier haben die Menschen einen lockeren Umgang mit der Zeit: Wenn ein Termin verpasst wird, findet sich bestimmt ein neuer Termin. Wer pünktlich ist, hat wohl sonst keine wichtigen Dinge zu tun. Das sind gute Argumente für das nächste Zuspätkommen, oder?

TAG DER STILLE

Kannst du dir vorstellen einen ganzen Tag nicht zu sprechen, kein Licht einzuschalten, nicht fernzusehen? Auf der Insel Bali in Indonesien gibt es den Tag der Stille. An diesem Feiertag setzt das hektische Inseltreiben für einen Tag aus und Ruhe kehrt ein.

ANLEITUNG

1 Übertrage für die Schablonen die Vorlagen der beiden Schattenfiguren auf den weißen Fotokarton und schneide sie aus.

2 Übertrage die Konturen der Schablonen auf den schwarzen Fotokarton. Vergiss dabei die Stellen für die Löcher nicht. Schneide alles aus.

3 Schmücke und bemale nun die Vorderseite der Figurenteile mit Tortenspitze und Teilen der Pralinenschachtel, Goldstift, Schere, Klebestift (für die Befestigung der Tortenspitze) und Bastelkleber (für die Befestigung der Pralinenschachtel-Teile). Mit der Nadel kannst du ein dekoratives Muster in die Figuren stechen.

4 Stanze mit dem Locher an den eingezeichneten Stellen Löcher. Nimm dazu die Abdeckung des Lochers ab und drehe ihn um, damit du die Löcher genau platzieren kannst.

5 Setze die Figur mit den Rundkopfklammern zusammen. Biege die verschlossenen Klammern an der Rückseite zusammen, damit man sie später nicht sehen kann.

6 Breche die Essstäbchen auseinander und befestige jeweils eines mit Bastelkleber und Klebeband an der Rückseite der Figuren. Klebe die anderen Holzstäbchen an die Unterarme.

7 Spanne für die Aufführung das Leintuch über zwei Stühle. Platziere die Lampe hinter dem Tuch und verdunkle den restlichen Raum. Bühne frei für die Figuren!

2

3

4

5

6

MATERIAL

- 2 Fotokartons, in Weiß und Schwarz, A4
- 8 Rundkopfklammern
- etwas Tortenspitze
- Einsatz einer Pralinenschachtel
- große Nadel
- 4 Holzstäbchen, 25 cm lang
- 1 Paar Bambus-Essstäbchen
- Goldstift (Brushpen oder Lackmarker)
- spitze Schere
- Locher
- Klebestift
- Bastelkleber
- Klebeband
- Leintuch in Weiß
- Schreibtischlampe
- Vorlagen „Schattenfigur A“ und „Schattenfigur B“ (Seite 110/111)

AUSTRALIEN

DOT-PAINTING
FELSEN

„Dot-Painting“ ist ein englisches Wort und bedeutet Punktmalerei. Diese Technik, bei der Tiere, Pflanzen oder Szenen aus dem Alltag, überwiegend mit Punkten in verschiedenen Größen und Farben „gemalt“ werden, kommt ursprünglich von den indigenen Australiern, den Aborigines. Dot-Painting ist in etwa 40.000 Jahre alt und die älteste noch angewandte Kunsttradition der Welt. Bis die Malerei fertig ist, braucht es sehr viel Zeit. Viele Menschen finden beim Malen Ruhe und Entspannung.

PAVLOVA

Pavlova ist eine australische Torte aus Baisermasse, die mit frischen Früchten und Sahne gefüllt wird. Das süße Nationalgericht wurde nach der berühmten Primaballerina Anna Pavlova benannt. Möchtest du es ausprobieren?

DIDGERIDOO

Das beliebte Blasinstrument wurde vor mehreren tausend Jahren von den Aborigines erfunden. Traditionell wird es als Begleitinstrument zu Tanz und Gesang eingesetzt. Lausche den vielseitigen Klängen!
https://tinyurl.com/3apd884w

SCHLAFEN WIE EIN KOALA

Du denkst, Katzen schlafen lange? Oder Faultiere? Das stimmt! Aber weißt du, dass Koalas noch länger schlafen? Die Baumbewohner Australiens halten den absoluten Tages-Vielschläfer-Rekord im Tierreich. Sie schlafen nämlich bis zu 20 Stunden am Tag.

ANLEITUNG

1 Bemale die flache Oberseite des Steins mit schwarzer Acrylfarbe.

2 Male für den Körper der Schildkröte ein Oval mit einer Farbe deiner Wahl in die Mitte des Steins. Lass die Farbe trocknen.

3 Male nun in einer anderen Farbe einen Schildkrötenkopf, vier Beine und einen kleinen Schwanz. Lass die Farbe trocknen.

4 Lege dir für das Dot-Painting verschiedene Acrylfarben bereit. Setze nun mit der Spitze des Dotting Tools einen Farbpunkt neben den anderen auf den Stein. Achte dabei auf drei Dinge:

- Arbeite an einem ruhigen Ort und habe Geduld.
- Setze das Dotting Tool immer gerade von oben auf den Stein auf.
- Nimm nach jedem Punkt neue Farbe auf.

5 Erweitere so dein Kunstwerk Punkt für Punkt und in verschiedenen Farben. Du kannst auch kleine Punkte in große Punkte setzen.

6 Wiederhole Schritt 5, bis dein Kunstwerk fertig ist. Kleine Fehler kannst du, solange die Farbe noch feucht ist, mit einem Wattestäbchen ausbessern.

TIPP

Auch Schlangen, Kängurus oder Eidechsen eignen sich gut für das Dot-Painting. Probiere es aus!

MATERIAL

- Stein, ca. handgroß, flach
- Acrylfarbe in Schwarz und nach Wahl
- Borstenpinsel, breit
- Haarpinsel, dünn
- Dotting Tools (alternativ Holzstäbchen)

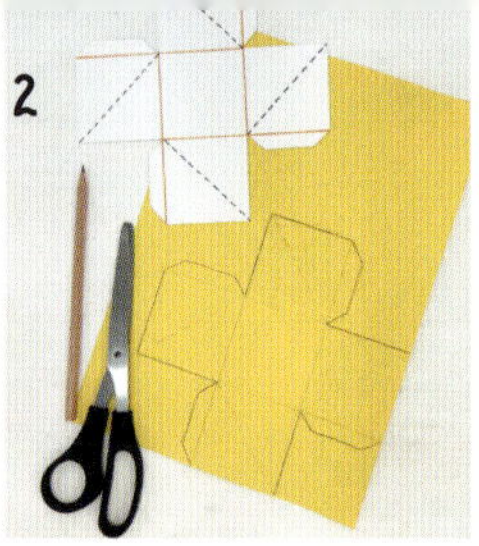

MATERIAL

- Fotokarton, A4
- Tonpapier, A4, Farbe nach Wahl
- Bleistift
- Schere
- Radiergummi
- Bastelkleber
- Goldstift (Lackmarker oder Acrylstift)
- Vorlage „Faltbörse“ (Seite 114)

ANLEITUNG

1 Übertrage für die Schablone die Vorlage der Faltbörse inklusive Faltlinien auf den Fotokarton und schneide sie aus.

2 Übertrage die Schablone mit Bleistift auf das bunte Tonpapier und schneide das Motiv entlang der Außenlinien aus.

3 Falte das Papier an allen durchgängigen Linien (orange im Schrittbild) nach oben und an allen gestrichelten Linien (blau im Schrittbild) nach unten. Radiere die Markierungen weg.

4 Gib etwas Bastelkleber auf die Laschen und setze das Motiv zu einem, an einer Seite offenen Würfel zusammen. Lass den Kleber gut trocknen, bevor du weitermachst.

5 Drücke die Faltbörse vorsichtig entlang der Faltungen zusammen.

6 Bemale die Faltbörse mit dem Goldstift an der Oberseite mit einem symmetrischen Muster aus Kreisen, Bögen, Linien und Punkten.

7 Deine Faltbörse ist fertig zum Befüllen. Ziehe zum Öffnen der Börse zwei gegenüberliegende Seiten vorsichtig auseinander.

TIPP

Streiche mit einem Lineal über die Falzkante (Faltungslinie). So wird das Ergebnis schöner.

MAROKKO

MAROKKANISCHE FALTBÖRSE

Das Kunsthandwerk hat in Marokko eine große Tradition. Wer durch die Gassen der Städte des Landes spaziert, trifft auf ein buntes Angebot aus fein geknüpften Teppichen, farbenfrohen Mosaiktischen, orientalischen Lampen und handbemalter Keramik. Auf den Märkten werden Taschen und Geldbörsen aus Naturleder angeboten. Darunter auch eine kleine quadratische Börse, die mit einer raffinierten Falttechnik vollkommen ohne Verschluss auskommt.

MAROKKANISCHER MINZTEE

Genieße ein Glas frisch gebrühten Minztee und fühle dich wie in einem Märchen aus 1001 Nacht.
Ran an das Rezept!

RAS EL-HANOUT

Die Gewürzmischung Ras el-Hanout wird in Marokko in zahlreichen Gerichten eingesetzt. Neben Kreuzkümmel, Kurkuma und Koriander werden für die Gewürzmischung viele verschiedene Gewürze gemahlen und miteinander vermengt. Rieche!

ARGANÖL

Der Arganbaum ist eine sehr alte Pflanze, die es schon seit vielen Millionen Jahren auf der Erde gibt, und im Südwesten Marokkos wächst. Aus den Kernen der Früchte wird ein wertvolles Öl gewonnen, das weltweit für seine pflegende Wirkung in der Kosmetik geschätzt wird. Kennst du es?

GUINEA

DJEMBÉ

Die Djembé ist eine Bechertrommel aus Westafrika. Ausgesprochen wird sie „Dschembee“. Traditionell wurde die Trommel von Schmieden der westafrikanischen Volksgruppe der Malinke hergestellt. Warum Schmiede? Weil für den Trommelkörper ein Stück Baumstamm ausgehöhlt wird. Dafür brauchte es das Können und Werkzeug von Schmieden. Das Trommelfell bestand früher meist aus dem Fell von Antilopen. Heute kommt auch Ziegenfell zum Einsatz. Getrommelt wird mit den Händen.

BISSAP

Das westafrikanische Getränk aus roten Hibiskusblüten schmeckt nicht nur gut, es hat auch richtig viel Vitamin C. Bissap kann kalt oder warm getrunken werden. Magst du das Rezept ausprobieren?

DJEMBÉ-TROMMEL-KONZERT

Deine Djembé-Trommel ist fertig gebastelt? Plane ein Konzert und spüre den Rhythmus der Trommelschläge. Gemeinsam mit Freunden macht es besonders viel Spaß!

WASSER

Einfach den Wasserhahn aufdrehen und frisches Wasser trinken. Das ist in Guinea keine Selbstverständlichkeit. Viele Menschen im Land haben keinen Zugang zu frischem Wasser und müssen täglich weite und beschwerliche Wege zu Wasserquellen zurücklegen.

MATERIAL

- Pflanzentopf aus Ton, ca. ø 20 cm
- Butterbrotpapier
- Kleister
- Borstenpinsel, groß
- Wollgarn, 3 Farben nach Wahl
- Acryl- oder Filzstifte, Farben nach Wahl
- Gummiband, groß

ANLEITUNG

1 Rühre etwas Kleister der Packungsanleitung entsprechend an und bestreiche den oberen Rand des Pflanzentopfes damit.

2 Schneide acht etwa gleich große, den Topfumfang bedeckende Stücke Butterbrotpapier ab. Du brauchst das Papier jetzt noch nicht rund zuschneiden.

3 Kleistere nun eine Lage Butterbrotpapier nach der anderen straff auf die Öffnung des Tontopfes. Fixiere das Papier mit Kleister auch an der Außenseite des Topfes. Spanne das Gummiband um die Papierschichten. Lass alles für ein bis zwei Tage trocknen.

4 Schneide das überstehende Butterbrotpapier gerade ab, sodass etwa 2 cm Papier bis zum Gummiband übrigbleiben.

5 Zwirble alle drei Farben Wollgarn etwa 1 m auf. Schneide das aufgezwirbelte Garn ab und wickle es direkt über das Gummiband. Verknote es mit einem Doppelknoten und schneide das überstehende Garn ein paar Zentimeter unterhalb des Knotens ab.

6 Bemale die Außenseite des Tontopfes nach deinem Geschmack.

1

3

5

6

TIPP

Wenn du magst, kannst du auch die Trommelfläche bemalen. Verwende dafür Acrylfarben oder -stifte.

GHANA

KENTE ARMBÄNDER

Kente ist mehr als nur ein Stoff. Die Kente-Webkunst hat ihren Ursprung im westafrikanischen Land Ghana. Früher durften nur Könige Kente-Stoffe tragen. Heute sind die traditionell aus Baumwolle oder Seide gewebten Stoffe in allen Bevölkerungsschichten verbreitet. Getragen werden sie häufig bei Festen. Typisch sind einzigartige Muster mit geometrischen Formen und einfachen Tiermotiven. Jede Farbe hat eine symbolische Bedeutung.

BOFROT

Bofrot sind frittierte Hefeteigbällchen. Der süße Snack ist weit über die Landesgrenze Ghanas beliebt. Daher gibt es auch viele weitere Bezeichnungen für die saftig-weichen Bällchen: Puff-Puff, Botokoin, Mikate oder Beignet.

KAKAO

Der Kakaobaum braucht ein feucht-tropisches Klima. Daher wird in Ghana viel Kakao angebaut. Geerntet werden die Früchte, deren Samen, die Kakaobohnen, zu Kakaopulver und Schokolade weiterverarbeitet werden. Schnuppere an einer Kakaobohne!

KINDER

Leider geht es nicht allen Kindern in Ghana gut. Manche haben kein Zuhause, manche haben zu wenig zu essen. Um Geld zum Leben zu verdienen, müssen viele Kinder schon früh arbeiten, obwohl das eigentlich verboten ist. Sie können keine Schule besuchen und haben wenig Zeit zum Spielen.

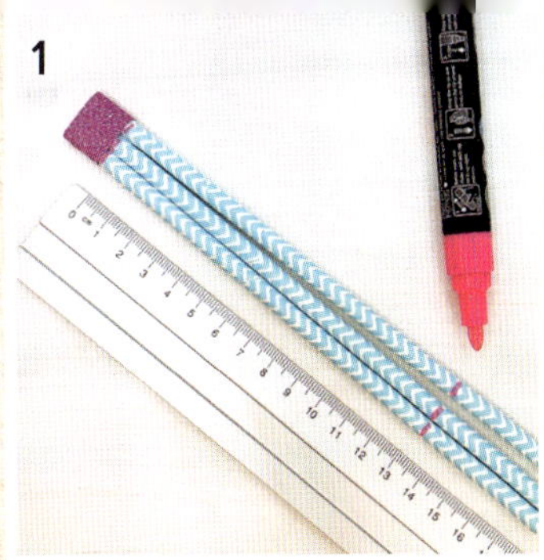

MATERIAL

- 3 Strohhalme
- Klebeband
- Wollgarn, Farben nach Wahl
- Schere
- Stift
- Lineal

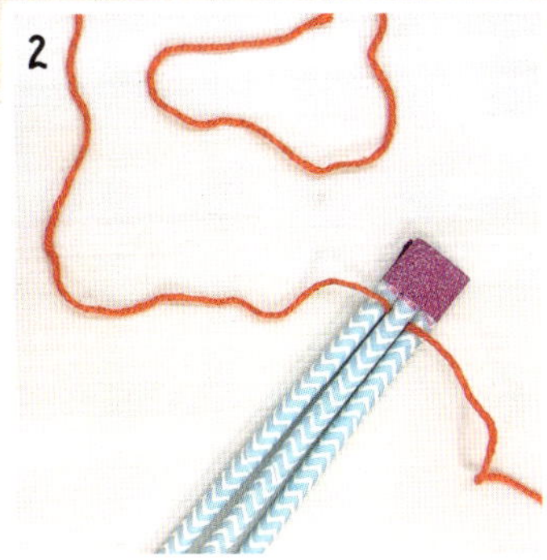

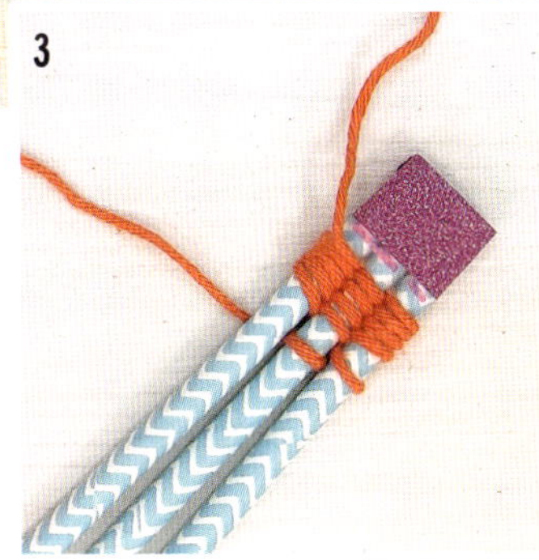

ANLEITUNG

1 Klebe die Strohhalme an einem Ende mit Klebeband zusammen. Setze 13 cm nach der Unterkante des Klebebands eine Markierung. Bis dorthin wird später gewebt. Markiere auch die Stellen, an denen du die Farbe wechseln willst.

2 Fädle das Wollgarn zwischen den ersten und zweiten Strohhalm. Lass zwischen Garnanfang und Webbeginn ca. zwei Strohhalmlängen Garn heraushängen. Dies wird später für den Abschluss des Armbands gebraucht.

3 Webe das Garn nun abwechselnd über und unter den Strohhalmen hindurch und schiebe das Gewebte regelmäßig sanft zusammen.

TIPP

Du möchtest ein breiteres Armband machen? Dann webe mit vier oder mehr Strohhalmen! Auch die Dicke der Strohhalme beeinflusst das Webergebnis.

4 Schneide für einen Farbwechsel das Wollgarn ab und verknote es mit der neuen Farbe. Schneide die Enden ab und webe weiter. Lass am Ende erneut zwei Strohhalmlängen Garn heraushängen.

5 Schneide drei Fäden vom Garn in 5-facher Strohhalmlänge ab. Fädle je einen Faden durch einen Strohhalm. Dabei sollte etwa gleich viel Garn an beiden Strohhalmenden herausschauen. Entferne das Klebeband und ziehe die Strohhalme vorsichtig aus dem Webstück heraus.

6 Verknote auf beiden Seiten die jeweils äußeren beiden Garnfäden mit einem Doppelknoten. Wiederhole das Verknoten mit den mittleren beiden Garnfäden. Flechte zum Schluss die Enden des Armbands.

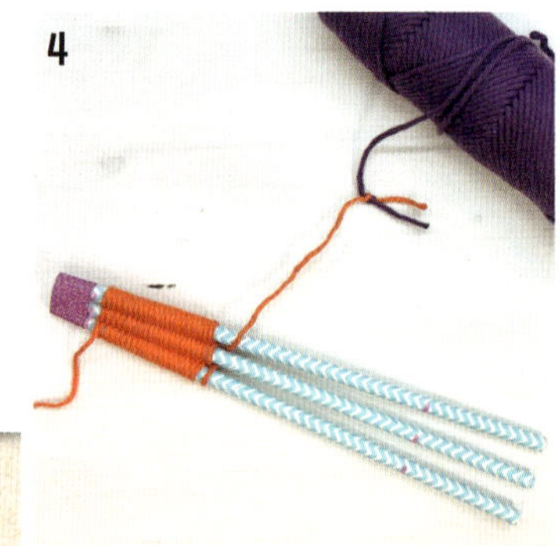

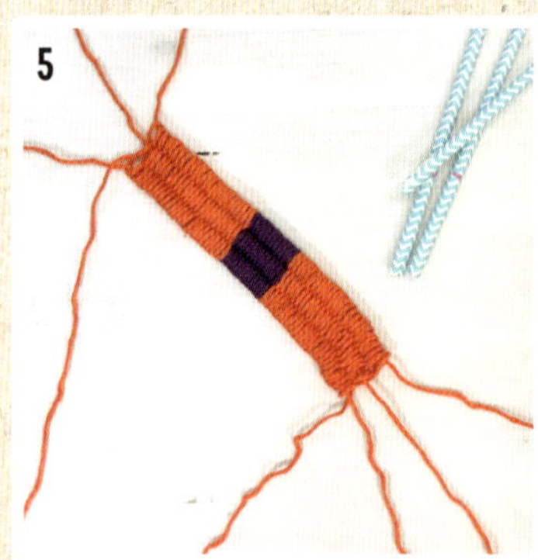

BEDEUTUNG DER FARBEN

- = Gold, Reichtum und Wohlstand
- = Blut, Trauer
- = Ruhe, Harmonie und Liebe
- = Weiblichkeit
- = Natur
- = Mutter Erde
- = Heilung

RUSSLAND

TALISMAN STOFFPUPPE

Vielleicht kennst du Matrjoschka? Das sind sehr bekannte ineinander schachtelbare Holzpuppen aus Russland. Etwas weniger bekannt sind Talisman Stoffpuppen. Die glücksbringenden Puppen werden durch Bündeln von Stoffresten geformt und ohne Nadel, nur mit Garn, zusammengehalten. Ursprünglich kommt die traditionelle Handwerkskunst aus den bäuerlichen Regionen des Landes. Über Jahrhunderte hinweg hat sich der Brauch gehalten.

BLINÝ

Die super-dünnen Teigfladen aus Russland zählen zu den ältesten Gerichten der Welt. Traditionell werden Bliný häufig aus Buchweizenmehl gemacht und nach dem Backen in der Pfanne mit Butter bestrichen. Ran an das Ruck-Zuck-Rezept!

KLASSISCHE MUSIK

Kennst du das Ballett „Schwanensee“ oder „Der Nussknacker“? Der weltweit bekannte russische Komponist Pjotr Iljitsch Tschaikowski hat diese Werke komponiert. Hör doch mal rein!
https://tinyurl.com/34ctz5re

BIRKE

In Russland wird die Birke als magischer Baum angesehen. Die Umarmung einer Birke soll Kraft und Glück verleihen. Die Mathe-Schularbeit steht an? Also, wo ist die nächste Birke?

MATERIAL

- Fotokarton, A4 und A3
- 2 Stoffreste (Canvas-Stoff), jeweils einfarbig
- 9 Stoffreste, verschiedene Baumwollstoffe, bunt gemustert
- dünnes Jutegarn, 6x 30 cm lang
- Geodreieck, groß
- Filzstift
- Klebeband
- Stoffschere
- Bügeleisen
- Vorlage „Umhang“ (Seite 105)

ANLEITUNG

1 Übertrage für die Schablone die Vorlage „Umhang“ auf den A4 Fotokarton und schneide sie aus.

2 Falte einen der beiden Canvas-Stoffe einmal in der Mitte. Lege die Schablone mit der geraden Kante direkt an die entstandene Stofffalte und übertrage sie mit Filzstift. Schneide den Umhang aus.

3 Schneide für den Körper ein 8 cm x 25 cm großes Rechteck aus dem A3 Fotokarton aus. Übertrage das Rechteck auf alle neun Baumwollstoffe und schneide die Stoffstücke aus.

4 Falte die Stoffstücke längs in Ziehharmonika-Technik auf eine Breite von etwa 2 cm. Fixiere die Falten mit dem Bügeleisen. Lass dir von einem Erwachsenen helfen.

5 Verknote drei der Jutegarne an einem Ende miteinander, fixiere sie mit Klebeband und flechte sie zu einem etwa 20 cm langen Zopf. Am Ende ebenfalls verknoten.

TIPP

Wie wäre es mit einer Puppe in Regenbogen-Optik? Wähle einfärbige Stoffreste und schichte das Stoffbündel in der Farbreihenfolge des Regenbogens.

6 Lege die gefalteten Stoffstücke aufeinander. Falte sie gemeinsam einmal in der Mitte. Binde mit einem der Jutegarne den Kopf ab und verknote das Garn auf der Rückseite. Überstehendes Garn abschneiden.

7 Schneide aus dem zweiten Canvas-Stoff ein 4 cm x 10 cm großes und aus einem beliebigen Baumwollstoff ein 3 cm x 9 cm großes Rechteck aus. Lege das kleinere Rechteck mit der Vorderseite nach oben auf das größere. Falte beides zusammen. Lege eines der Jutegarne mittig in die entstandene Stofffalte und binde die Schürze unterhalb des Puppenkopfs fest. Schneide überstehendes Garn ab.

8 Fädle den geflochtenen Zopf links und rechts der Schürze unter das Garn und führe ihn über den Puppenkopf.

9 Lege die Puppe auf den zugeschnittenen Umhang. Falte den Umhang zuerst im Kopfbereich, danach im Körperbereich ein paar Mal ein, sodass er den Puppenkörper umhüllt. Fixiere den Umhang mit dem letzten Stück Jutegarn unterhalb des Kopfes und verschließe das Garn an der Vorderseite mit einer kleinen Schlaufe.

MATERIAL

- 3 gleich lange Äste, ca. 15-20 cm lang
- Garn, verschiedene Farben nach Wahl
- große Stopfnadel
- Perlen, verschiedene Farben nach Wahl
- Federn
- Schere

ANLEITUNG

1 Lege die Äste im Dreieck übereinander, sodass sich jeweils zwei Äste 1-2 cm überkreuzen.

2 Verbinde die Äste, indem du das Garn mehrmals straff um die Überkreuzungen wickelst und es jeweils mit einem Doppelknoten verschließt.

3 Schneide an zwei Überkreuzungen das überstehende Garn knapp beim Knoten ab. Lass ein etwa armlanges Garn an einer Überkreuzung übrig. Du kannst es später zum Aufhängen verwenden.

4 Schneide 1 m Garn einer anderen Farbe ab. Knote es mit einem Doppelknoten an einen Ast und führe es straff zu einem anderen Ast, wickle es einmal herum und führe es zum nächsten Ast. So entsteht ein immer dichteres Netz. Fädle dabei immer wieder eine Perle auf. Wenn du am Ende des Garns angekommen bist, verschließe es mit einem Doppelknoten um den Ast.

5 Schneide eine Armlänge Garn ab. Verknote das Garn nach ca. 30 cm mit einem Dreifachknoten und fädle drei Perlen auf. Stecke den Federkiel von unten in die Perlen und knote das Garn um die Feder. Umwickle den Knoten mehrmals mit dem Garn und verschließe mit einem Doppelknoten. Schneide das überstehende Garnende in Knotennähe ab.

6 Wiederhole Schritt 5 zwei Mal und binde alle drei Perlen-Feder-Anhänger an den unteren Ast des Traumfängers. Wenn du magst, kannst du den mittleren Anhänger etwas länger machen.

3

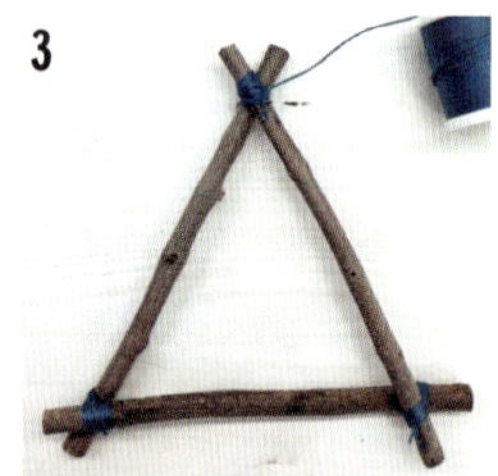

4

5

6

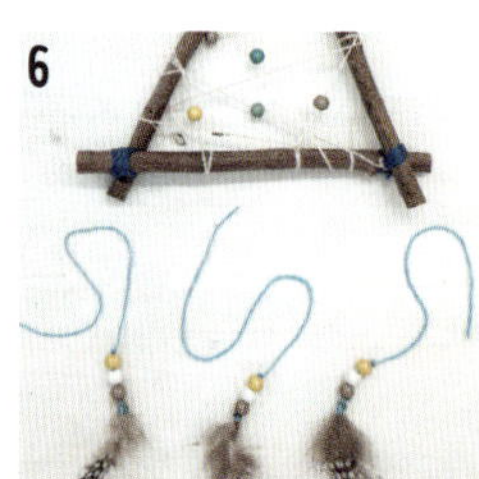

USA

TRAUMFÄNGER

Sie baumeln in verträumten Gärten, verschönern Wohnbereiche als Dekoelemente und sind ein Blickfang in jedem Kinderzimmer. Doch wusstest du, dass Traumfänger für die indigenen Völker Nordamerikas eine tiefgehende Bedeutung haben? Über dem Schlafplatz aufgehängt bleiben böse Träume im Netz hängen. Nur gute Träume können hindurchdringen. Das Netz wird traditionell aus Naturmaterialien hergestellt und mit Perlen oder Federn verziert.

BROWNIES

Viel Schokolade und ein weicher, saftiger Kuchenteig. Wer könnte schon „Nein“ zu Schoko-Brownies sagen. Probiere das Rezept der US-amerikanischen Küche aus!

POCAHONTAS

Pocahontas lebte Anfang des 17. Jahrhunderts wirklich! Sie setzte sich als Vermittlerin zwischen den indigenen Völkern der Ostküste Nordamerikas und den englischen Kolonialisten ein. Was geht dir durch den Kopf, wenn du die Filmmusik hörst?
https://tinyurl.com/mt3cnhmj

SCHUHGRÖSSE DER FREIHEITSSTATUE

Die Freiheitsstatue im New Yorker Hafen ist 46 Meter groß. Doch welche Schuhgröße hat „Lady Liberty“? Da ihre Füße über 7 Meter lang sind, trägt sie Schuhgröße 1200!

CHILE

REGENMACHER

Die Atacama-Wüste im Norden Chiles ist eine der trockensten Regionen der Welt. Es regnet oft jahrelang nicht. Weil der Regen für das Leben in der Wüste so wichtig ist, werden bei Regenzeremonien der indigenen Völker „Regenmacher“ eingesetzt. Diese bestehen aus einem verholzten Kakteenstamm, dessen Stacheln abgenommen und mit der Spitze zurück in den hohlen Stamm getrieben werden. Für den rhythmische Klang werden Steine oder Bohnen in den Hohlraum gefüllt.

SOPAIPILLAS

Die südamerikanische Spezialität ist besonders beliebt in Chile. Traditionell wird zu Sopaipillas die süße Chancaca Sauce gereicht. Mit Schokosauce oder Marmelade schmecken die frittierten Kürbisbrötchen auch sehr gut. Probiere das Rezept.

ZITRONENSTRAUCH

Die Heimat des duftenden Zitronenstrauchs ist Chile. Zerreibe die Blätter der Zitronenverbene zwischen deinen Fingern und rieche den erfrischend zitronigen Duft.

„REGENMACHER“-KONZERT

Veranstalte mit deinem gebastelten Regenmacher ein Konzert. Durch sanftes oder zügiges Heben und Drehen des Regenmachers können sehr unterschiedliche Klangeffekte erzeugt werden. Wie hört sich ein sanfter Regenfall an? Und wie ein starker Wolkenguss?

ANLEITUNG

1 Drehe den Alu-Draht mit den Fingern zu einer Spirale, die so breit ist wie die Chipsdose. Stecke den Draht in die Dose. Befülle die Dose mit dem Reis. Verschließe die Chipsdose.

2 Bestreiche die Dose außen mit Bastelkleber und umhülle sie mit dem Fotokarton. Schneide Überstehendes ab.

3 Bemale die Dose nach deinem Geschmack mit den Acrylfarben. Lass die Farbe trocknen.

4 Falte den Bogen Bastelfilz in der Mitte. Übertrage mit Hilfe der Schale einen Kreis auf den Filz und schneide die beiden Kreise aus.

5 Lege einen Kreis mittig auf den Deckel der Chipsdose. Fixiere ihn mit einem Gummiband. Wiederhole den Schritt für die Unterseite der Dose.

6 Schneide die drei Stickgarne in der Hälfte durch. Wickle drei Garne in drei Farben mehrmals um das obere Gummiband und verschließe mit einem Doppelknoten. Wiederhole den Schritt für die Unterseite, schneide hier aber das Garn in Knotennähe ab.

TIPP

Neugierig, wie dein Regenmacher mit Nussschalen, Maiskörnern oder Bohnen klingt? Probiere es aus!

MATERIAL

- 1 Dose Stapelchips, leer
- Alu-Draht, ø 1-2 mm, 2-3 m lang
- 2 Hände ungekochter Reis
- Fotokarton, A3, Farbe nach Wahl
- Bastelfilz, A4, Farbe nach Wahl
- 2 Gummibänder
- Stickgarn, 3 Farben nach Wahl, je 2 m lang
- Acrylfarben nach Wahl
- Stift
- Schere
- Borstenpinsel
- Bastelkleber
- Schale, ca. ø 15 cm

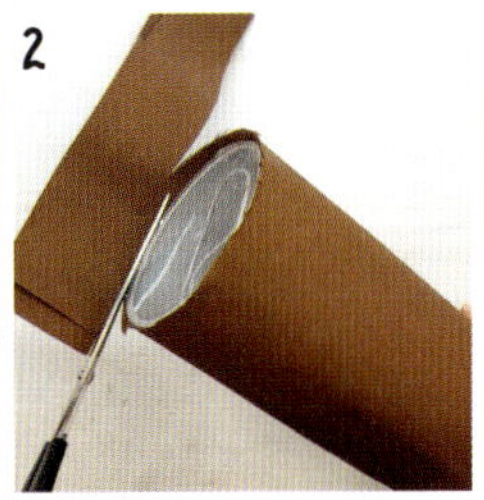

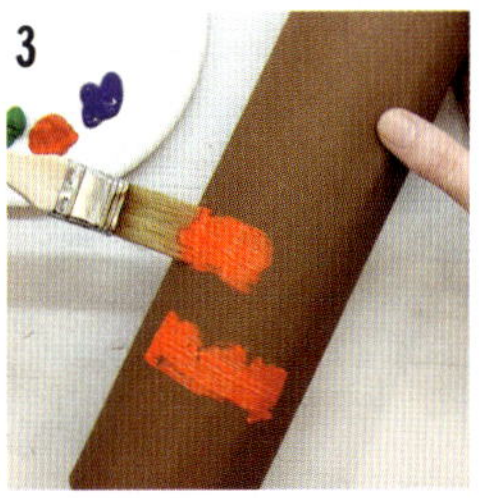

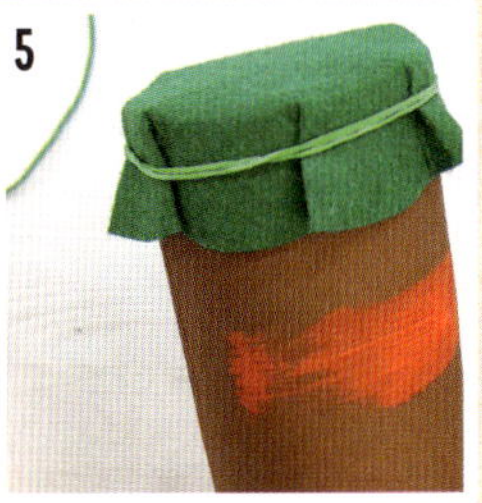

JAMAIKA

BATIK SHIRT

Stoffe können auf unterschiedliche Weise gefärbt werden. Beim Batiken werden mit flüssigem Wachs Muster auf Stoffe gezeichnet, die nach dem Färben erhalten bleiben. Ursprünglich kommt diese Färbetechnik aus Indonesien, sie wurde aber in einigen Ländern weiterentwickelt. Und so werden anstelle des Wachses Schnüre, Kabelbinder oder Gummibänder verwendet. Im karibischen Inselstaat Jamaika sind Batik Shirts sehr beliebt. Besonders in den Farben Rot, Gelb und Grün!

JERK CHICKEN

Das pikante Grillhähnchen ist ein Klassiker der Küche Jamaikas. Bevor das Fleisch auf den Grill kommt, wird es für mehrere Stunden in einer aromatischen Marinade eingelegt. Durch das Grillen erhält das Gericht ein rauchiges Aroma. Lust auf den Geschmack der Karibik?

REGGAE

Reggae kommt ursprünglich aus Jamaika und hat sich in den 1960er Jahren aus verschiedenen US-amerikanischen Musikrichtungen weiterentwickelt. Höre Reggae! Fühlst du den Beat auch?
https://tinyurl.com/ywszzsat

WHA'APPEN?

Die Amtssprache auf Jamaika ist Englisch. Darüber hinaus wird Jamaika-Kreolisch (Patois) gesprochen. Und das klingt zum Beispiel so: Wha'appen? (freundschaftlicher Gruß), Walk good (Abschiedsgruß), Eeh! (ja), Eh-eh! (nein).

ANLEITUNG

1 Bereite die Arbeitsunterlage vor, ziehe die Schürze (bzw. das Malerhemd) an und lege das T-Shirt vor dir auf die Arbeitsunterlage auf.

2 Ziehe den Stoff an mehreren Stellen etwas hoch und umwickle die hochstehenden Stoffstücke mit Gummiband.

3 Sprühe die Sprühfarbe von oben direkt auf den Stoff. Je mehr Farbe du auf den Stoff sprühst, desto intensiver wird der Farbton.

4 Nimm alle Gummibänder vorsichtig ab und falte das T-Shirt vorsichtig auseinander. Hänge es zum Trocknen auf einen Kleiderbügel.

5 Fixiere die Textilfarbe gemäß der Anleitung. Bei den meisten Textilfarben muss der Stoff einige Minuten gebügelt werden.

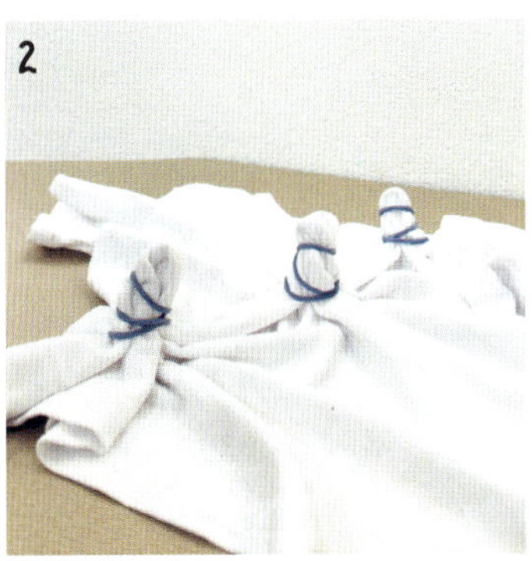

MATERIAL

- T-Shirt in Weiß
- Textilsprühfarbe, Farben nach Wahl
- große Arbeitsunterlage, z.B. ausgebreitete Zeitungen oder Malerfolie
- Schürze (oder Malerhemd)
- Gummibänder
- Kleiderbügel
- Bügeleisen

SCHWEDEN

ELCH-FUSS

Wusstest du, dass Elche zu den Hirschen zählen? Der Elch ist sogar die größte Hirschart und kann bis zu 3 Meter lang und um die 800 Kilogramm schwer werden. In Nordeuropa finden sie gute Lebensbedingungen vor. Deshalb leben in Schweden auch mehrere hunderttausend Elche. Schweden ist also ein absolutes Elchland. Hast du schon einmal einen Elch in freier Wildbahn gesehen?

HAVREFLARN

Die Schweden lieben ihre knusprigen Haferkekse. Sie sind einfach zu backen und schmecken zu jeder Jahreszeit. Probiere das Rezept aus!

SCHWEDISCHE POPMUSIK

Schweden ist ein Musikland. Rock- und Popmusik aus Schweden ist weltweit beliebt. Zu den bekanntesten schwedischen Bands zählen *Abba*, *Roxette*, *Mando Diao* und *The Cardigans*. Hör rein!
https://tinyurl.com/zjnm8zuf

DU

In Schweden werden alle Menschen mit „Du“ angesprochen. Egal ob Freunde, Bekannte oder Fremde. Wenn man zu jemanden „Du“ sagt, nennt man das Duzen. Wie findest du das?

MATERIAL

- ca. 300 g Modelliermasse in Weiß, lufthärtend
- Wellpappe, ca. A4
- Acrylfarbe in Hellbraun
- 2 Eicheln
- 1 Eichel-Hütchen
- 2 verzweigte Äste, ca. 20 cm lang
- Nudelholz
- Küchenmesser
- Borstenpinsel
- Farbschälchen
- Bastelkleber

TIPP

Welche Naturmaterialien könntest du für die Augen und Nase noch verwenden? Sei kreativ!

ANLEITUNG

1 Forme die Modelliermasse mit den Händen zu einer großen Kugel und rolle sie mit dem Nudelholz ca. 1 cm dick aus. Achte darauf, dass die Form mindestens so lang und breit wie dein Fuß ist.

2 Lege die ausgerollte Modelliermasse auf die Wellpappe. Drücke deinen Fuß auf die Modelliermasse und schneide dann die Modelliermasse entlang der Kontur des Fußabdrucks mit einem Küchenmesser ab.

3 Mache für das Geweih mit den beiden Ästen oben (bei den Zehen) links und rechts in den modellierten Fußabdruck zwei Löcher. Nimm die Äste wieder raus.

4 Lass die Modelliermasse der Anleitung entsprechend (meistens ca. 24 Stunden) an der Luft härten.

5 Bemale den Elch-Fuß mit hellbrauner Acrylfarbe. Lass die Farbe trocknen.

6 Fixiere die beiden Eicheln (Augen), das Eichel-Hütchen (Nase) und die Äste (Geweih) mit dem Bastelkleber.

2

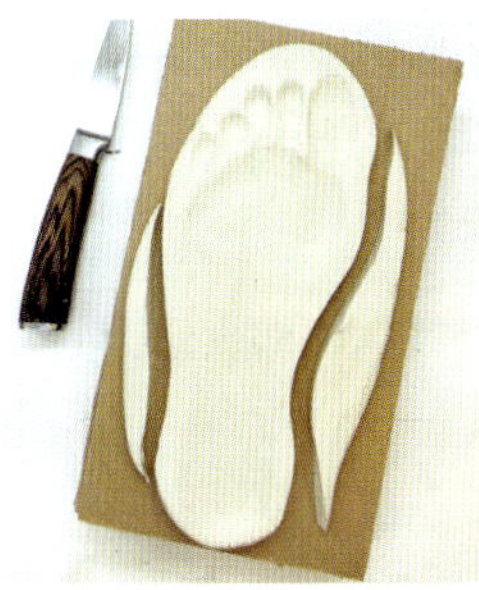

3

5

6

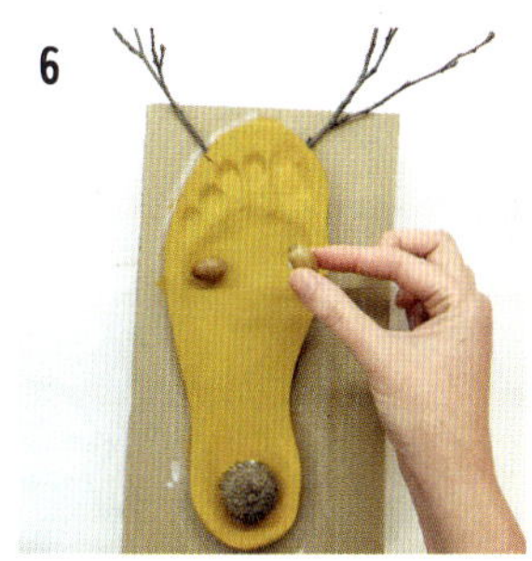

GUATEMALA

WORRY DOLLS

Sie sind nur ein paar Zentimeter groß, werden „Worry Dolls“ genannt und sollen Kindern über Nacht die Sorgen nehmen. Die winzigen Puppen sind handgemacht und werden meist aus Draht, Garn und Stoffresten hergestellt. Worry Dolls zählen in Guatemala zu den beliebtesten Geschenken für Kinder. Vor dem Schlafengehen werden den Puppen Ängste und Kummer erzählt. Dann legen die Kinder die Puppen unter das Kopfkissen.

PONCHE DE FRUTAS

Der guatemaltekische Punsch aus Obst, Zucker und Zimt ist ein beliebtes Heißgetränk der Winter- und Weihnachtszeit. Jede Familie hat ihr eigenes Traditionsrezept, das über Generationen hinweg weitergegeben wird. Ran an den Punschtopf!

KARDAMOM

Kardamom ist ein süßlich-herbes Gewürz, das in Guatemala angebaut wird. Die Kapseln des grünen Kardamoms werden von hohen Stauden geerntet und getrocknet. Rieche an getrockneten Kardamomkapseln. Kommt dir der aromatische Duft vertraut vor?

FASZINIERENDE TIERWELT

In Guatemala leben viele verschiedene Tierarten. Das liegt daran, dass die Landschaft sehr vielseitig ist und einzigartige Lebensbedingungen schafft. Der Große Ameisenbär fühlt sich in Guatemalas Sümpfen und Wäldern besonders wohl.

ANLEITUNG

1 Säge vom Ast ein 7 cm langes Stück ab. Lass dir hierbei von einem Erwachsenen helfen. Forme für den Kopf die Modelliermasse zu einer Kugel (ø 2 cm). Stecke diese auf ein Ende des Aststücks. Lass die Modelliermasse der Anleitung (meistens ca. 24 Stunden) entsprechend an der Luft härten.

2 Zeichne mit den beiden Finelinern ein Puppengesicht auf den gehärteten Puppenkopf.

3 Übertrage die Kontur des Trinkglases mit schwarzem Fineliner auf die Strumpfhose und schneide den Kreis aus.

4 Spanne den Strumpfhosen-Kreis straff über den Puppenkopf und fixiere ihn mit dem Gummiband am Ast. Schneide die überstehende Strumpfhose unterhalb des Gummibands ab.

5 Knote für die Arme die Kordel direkt unter das Gummiband um den Ast. Mache jeweils mit 15 mm Abstand zum Ast einen einfachen Knoten. Schneide das restliche Garn in Knotennähe ab.

6 Wähle zwei Farben des Stickgarns, knote sie gemeinsam um das untere Ende des Asts und umwickle ihn damit bis zu den Armen.

7 Knote dann die dritte Stickgarnfarbe an und umwickle damit den restlichen Ast vollständig bis zum Kopf, lass aber die beiden Arme rausschauen.

8 Schneide für das Kopftuch der Puppe ein rechtwinkeliges Dreieck (Länge der Seiten: 6 cm) aus dem Bastelfilz aus. Lege es über den Puppenkopf. Knote ein Stück Stickgarn fest darum und verschließe es mit einer kleinen Schlaufe.

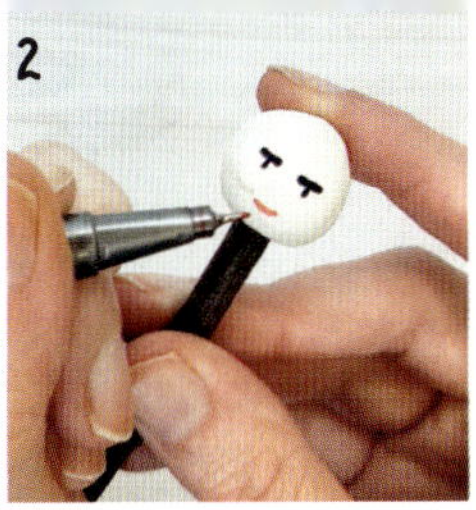

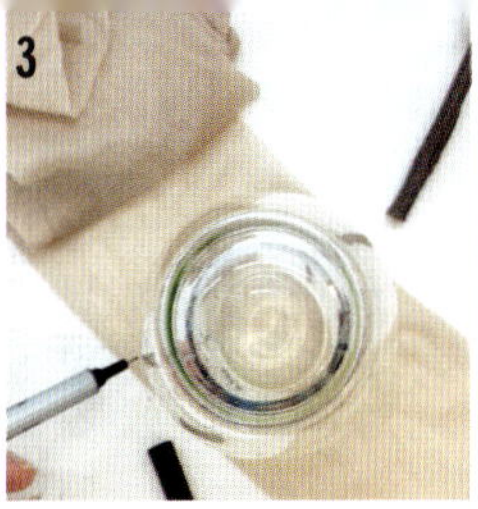

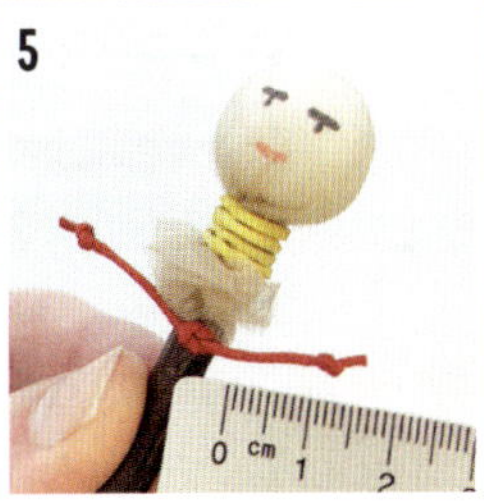

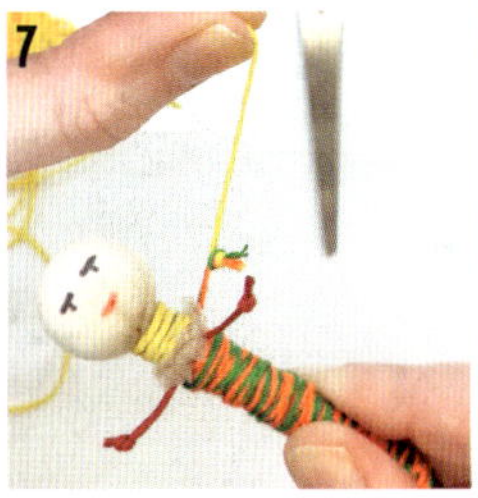

MATERIAL

- Gerader Ast, fingerdick
- etwas Modelliermasse in Weiß, lufthärtend
- alte Feinstrumpfhose
- dünne Kordel, 15 cm lang, Farbe nach Wahl
- Stickgarn, drei verschiedene Farben
- Bastelfilz, A6, Farbe nach Wahl
- Fineliner in Schwarz, Rot
- Gummiband, klein
- Handsäge
- Trinkglas, ca. ø 8 cm
- Schere
- Lineal

INDIEN

DIWALI LAMPE

In Indien feiert man bunt, ausgelassen und gerne. Hochzeitsfeiern erstrecken sich häufig über mehrere Tage. Es vergeht kaum ein Tag, an dem nicht irgendwo im Land gefeiert wird. Das bekannteste indische Fest heißt Diwali. Im ganzen Land werden vor den Häusern, Straßen und in Tempeln Lichter aufgestellt. Deshalb wird das Fest auch Lichterfest genannt. Gefeiert wird der Sieg des Guten über das Böse.

NAAN

Hast du Lust auf das luftig-leichte indische Fladenbrot aus der Pfanne? Am besten schmecken die Brotfladen, wenn sie noch warm sind! Serviere sie mit etwas flüssiger Butter oder Ghee.

KURKUMA

Hast du schon mal ein indisches Curry-Gericht gegessen? Eine wichtige Zutat in jedem Curry ist Kurkuma mit seiner leuchtend gelb-orangen Farbe. Außerhalb der Küche wird es auch noch in der Medizin, zum Färben und als Insektenschutzmittel verwendet. Wie die Wunderknolle wohl riecht?

FEST DER FARBEN

Wenn in Indien das Frühlingsfest „Holi" gefeiert wird, bewerfen sich die Menschen im Land mit buntem Farbpulver. Das ausgelassene Fest bringt die Bevölkerung Indiens zusammen, um gemeinsam den Winter zu verabschieden und den Frühling zu begrüßen.

TIPP

Kleine Risse kannst du ganz einfach ausbessern. Tauche dafür deine Finger in etwas Wasser und streiche sanft über die eingerissenen Stellen.

MATERIAL

- ca. 100 g Modelliermasse in Weiß, lufthärtend
- Acrylfarben nach Wahl
- Strohhalm
- Schale Wasser
- Pinsel
- Teelicht
- optional: Dotting Tools

ANLEITUNG

1 Knete die Modelliermasse weich und forme sie zu einer Kugel. Presse diese mit der gesamten Handfläche sanft auf deine Arbeitsunterlage, bis sie eine Höhe von etwa 2 cm hat.

2 Drücke mit dem angefeuchteten Daumen eine Mulde in die Mitte. Forme die Mulde mit dem Daumen so lange, bis darin genug Platz für ein Teelicht ist. Das kannst du mit dem Teelicht immer wieder testen.

3 Tauche die Strohhalmspitze in das Wasser und drücke damit vorsichtig in den geformten Rand. Forme danach die entstandene Einkerbung mit angefeuchteten Fingern etwas spitz zulaufend nach. Lass die geformte Modelliermasse ca. 24 Stunden härten.

4 Bemale die Diwali Lampe mit Acrylfarben deiner Wahl. Wenn du magst, kannst du sie auch mit kleinen Punkten oder Motiven verzieren.

5 Setze das Teelicht in die Mulde. Am schönsten wirkt die Diwali Lampe im Dunklen.

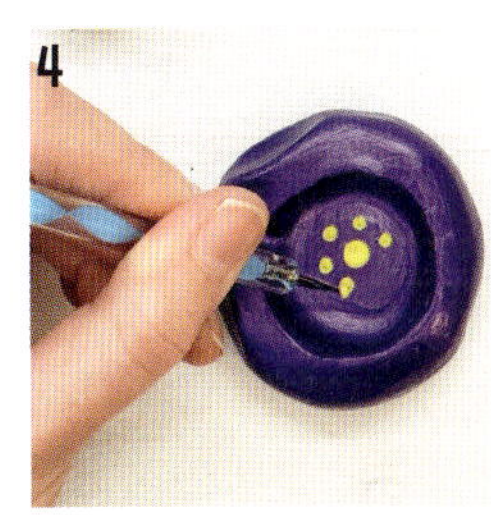

MATERIAL

- Fotokarton, A4
- 2 Tonpapiere, A4, in Rot, Weiß
- Bleistift
- Schere
- Radiergummi
- Lineal
- Klebestift
- Vorlage „Weihnachtsherz“ (Seite 113)

ANLEITUNG

1 Übertrage für die Schablone die Vorlage „Weihnachtsherz“ auf den Fotokarton und schneide sie aus. Vergiss die Zahlen und Buchstaben nicht.

2 Falte das rote Tonpapier der Breite nach in der Mitte. Lege die angefertigte Schablone mit der geraden Kante direkt an die Falzkante. Übertrage die Konturen und schneide es aus. Wiederhole den Schritt für das weiße Tonpapier.

3 Beschrifte die Streifen mit Bleistift wie auf der Schablone: die Zahlen auf die rote Herzhälfte, die Buchstaben auf die weiße.

4 Flechte die beiden Herzhälften zusammen. Orientiere dich dabei an den Nummern und Zahlen. Flechte im ersten Schritt Streifen 3 durch C über B durch A. Flechte im zweiten Schritt Streifen 2 über C durch B über A. Flechte im dritten Schritt Streifen 1 durch C über B durch A. Radiere alle noch sichtbaren Zahlen und Buchstaben aus.

5 Zeichne für die Aufhängung mit Bleistift und Lineal einen 25 cm langen und 2 cm breiten Streifen auf das rote Tonpapier. Schneide den Streifen aus und befestige ihn mit dem Klebestift innen an der Herztüte.

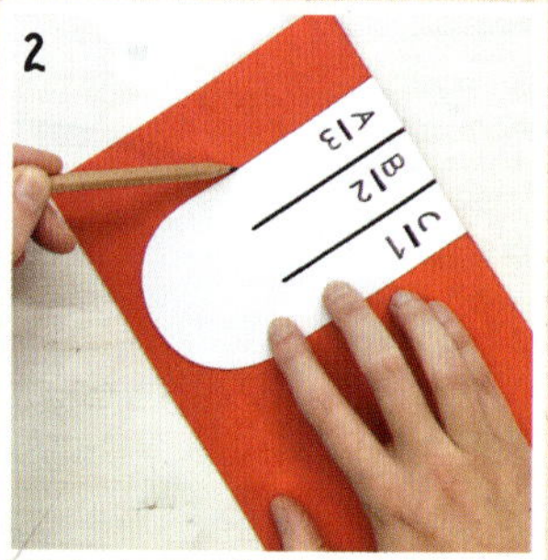

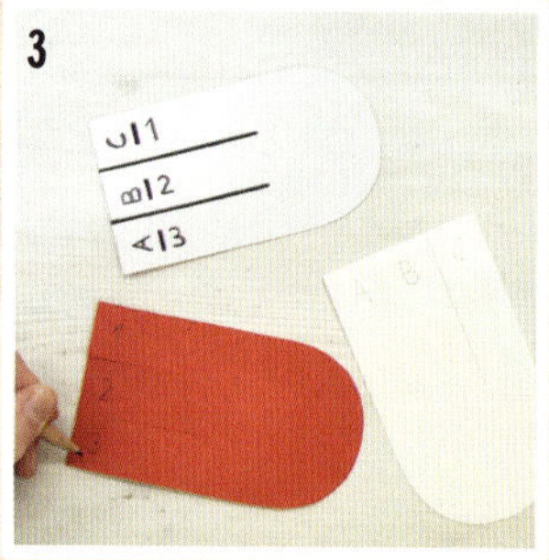

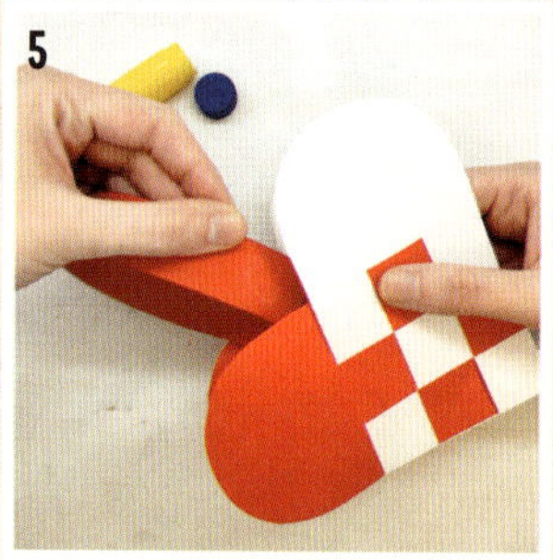

DÄNEMARK

GEFLOCHTENES WEIHNACHTSHERZ

Weihnachten ist schön. Herzen sind schön. Weihnachtsherzen erst recht! Zur Weihnachtszeit werden in Dänemark herzförmige Tüten geflochten. Auf Dänisch nennt man die Kunstwerke „Julehjerter“. Die Tüten werden mit Keksen und Süßigkeiten befüllt und zum Dekorieren des Weihnachtsbaums verwendet. Geflochten wird von Groß und Klein und das schon seit vielen Jahren. Besonders häufig wird rotes und weißes Papier verwendet – ganz nach den Farben der dänischen Flagge.

SMØRREBRØD

In Dänemark sind Brote wahre Kunstwerke und werden mit Messer und Gabel gegessen. Neben gesalzener Butter oder Aufstrich gibt es viele Variationen, die Brote zu belegen. Häufig kommt Fisch auf das Brot. Was wäre es bei dir?

VIELE FAHRRÄDER

Radfahren hat in Dänemark Tradition. In der Hauptstadt Kopenhagen fährt nahezu die Hälfte der Bevölkerung mit dem Fahrrad zur Arbeit, Schule oder Ausbildung. Das ist super für die Gesundheit und umweltfreundlich. Fährst du gerne Fahrrad?

WEIHNACHTSWICHTEL

Weihnachtswichtel gehören in Dänemark zu Weihnachten dazu und heißen „Nisser“. Sie sollen ziemlich zornig werden, wenn sie hungrig sind. Deshalb stellen ihnen die Dänen in der Weihnachtszeit eine Schale Milchreis auf den Dachboden. Lustig, oder?

BULGARIEN

MARTENIZA

In Bulgarien gibt es einen schönen Frühlingsbrauch. Gegen Ende des Winters werden im ganzen Land rot-weiße Glücksbringer, meist aus Baumwolle, gebastelt. Häufig sind es kleine Puppen, manchmal auch Quasten oder geflochtene Armbänder. Ab dem 1. März jeden Jahres werden die Martenizi an geliebte Menschen verschenkt. Mit den ersten Frühlingszeichen werden die kleinen Kunstwerke zusammen mit einem schönen Wunsch an Bäume gehängt oder unter Steine gelegt.

BOB TSCHORBA

Die herzhafte Bohnensuppe ist ein traditionelles Gericht aus der Küche Bulgariens. Die Grundzutaten im Suppentopf sind weiße Bohnen, Karotten, Paprika und Tomaten. Willst du das Rezept ausprobieren?

BULGARISCHE ROSE

Bulgarien ist weltweit für den Anbau von Rosen bekannt. Die duftende Blume wird zur Herstellung von Rosenöl verwendet. Gib ein paar Tropfen Rosenöl in eine Duftlampe, schließe die Augen und entspanne dich beim lieblich-sanften Rosenduft.

JA UND NEIN

Na klar, Nicken bedeutet „Ja“ und Kopfschütteln „Nein“. In Bulgarien ist es genau umgekehrt. Wenn man in Bulgarien zustimmt, schüttelt man den Kopf und wenn man verneint, nickt man eifrig. Das ist verwirrend? Dann probiere es doch gleich mal aus.

ANLEITUNG

1 Wickle für die Arme die rote Wolle 20 Mal um deine gespreizten Finger. Lege die gewickelte Wolle vor dir ab und schneide das Wollgarn ab.

2 Binde die gewickelte Wolle mit einem Knoten rechts und links mit etwas rotem Garn ab. Schneide den überschüssigen Faden ab. Schneide die beiden Endstücke in der Mitte auf, sodass Fransen entstehen. Begradige diese mit der Schere.

3 Wickle für den Körper die rote Wolle 35 Mal der Länge nach um das Taschenbuch. Nimm die gewickelte Wolle vorsichtig vom Buch und lege sie vor dir ab. Schneide das Wollgarn ab.

4 Schneide ca. 30 cm vom roten Garn ab. Knote es für den Kopf mit etwa 4 cm Abstand zum oberen Ende um die Schlaufe und schneide die Garnenden ab. Schneide das untere Ende auf und begradige die entstandenen Fransen mit der Schere.

5 Lege die Arme zwischen die langen Fäden und schiebe sie bis ganz nach oben. Hebe dafür die Hälfte der langen Fäden kurz an.

6 Verknote den Puppenkörper unterhalb der Arme mit einem weiteren ca. 30 cm langen, roten Garnstück. Schneide die Garnenden ab.

7 Schneide ca. 30 cm vom weißen Garn ab. Knote es knapp oberhalb des Schlaufenendes um den Kopf, sodass ein Dutt entsteht. Umwickle ihn ein paar Mal. Verschieße hinten mit einem Doppelknoten und schneide die Garnenden in Knotennähe ab.

8 Fixiere zum Schluss die Arme am Körper. Schneide dafür ca. 30 cm vom weißen Garn ab und umwickle es vom Hals beginnend im Kreuz um den Körper. Verschließe es hinten mit einem Doppelknoten. Schneide alle überstehenden Garnenden in Knotennähe ab.

MATERIAL

- Wolle in Rot, Weiß
- Schere
- kleines Taschenbuch
- Lineal

CHINA

CHINESISCHE LATERNE

Der erste wichtige Festtag im chinesischen Kalenderjahr ist das Laternenfest. Das Fest symbolisiert den Abschluss der Neujahrsfeierlichkeiten. Häuser und Straßen werden farbenfroh dekoriert. Ein Lichtermeer aus kunstvoll angefertigten Laternen aus verschiedensten Materialien macht das Fest zu einem einmaligen Ereignis. Familien kommen zusammen, essen, tanzen und feiern miteinander bis tief in die Nacht.

DOU FU PAO

Tofu wird auch Bohnenquark genannt, da er aus Sojamilch von weißen Sojabohnen hergestellt wird. Es gibt verschiedene Tofu-Arten, wie z.B. Naturtofu, Räuchertofu, Seidentofu oder auch fermentierter Tofu. Probiere das köstliche Gericht aus!

CHINESISCHE MUSIK

Musikinstrumente werden in China aus verschiedenen Materialien hergestellt. Es gibt Instrumente aus Stein, Seide, Bambus, Holz, Metall, Tierhaut, Ton und Kürbis. Hörst du die verschiedenen Instrumente?
https://tinyurl.com/zd34xu2s

ESSSTÄBCHEN

In China werden die meisten Speisen mit Stäbchen gegessen. Mit etwas Übung kannst du das auch. Lass dir von geübten Stäbchen-Essern zeigen, wie es geht!

MATERIAL

- Fotokarton, A4
- 2 Tonpapiere in 2 Farben
- Acrylfarben nach Wahl
- Wollgarn in Rot
- Bleistift
- Lineal
- Schere
- Borstenpinsel
- Klebestift und Bastelkleber
- 2 Heftklammern
- große Stopfnadel
- Vorlage „Laterne“ (Seite 112)

ANLEITUNG

1 Übertrage für die Schablone die Vorlage „Laterne“ auf den Fotokarton und schneide sie aus. Verwende für die Linien ein Lineal.

2 Klebe die beiden Tonpapiere mit dem Klebestift zusammen.

3 Wähle, welche Farbe die Laterne außen haben soll, und bemale sie mit den Acrylfarben. Trocknen lassen.

4 Falte das Tonpapier mit der bemalten Seite nach außen der Länge nach in der Mitte zusammen. Lege die Schablone nun so darauf, dass die eingezeichneten Linien an der Falzkante liegen. Fixiere sie mit zwei Heftklammern. Schneide entlang der Linien in das Tonpapier.

5 Entferne die Klammern und lege die Schablone zur Seite. Öffne das Tonpapier und klebe die Laterne am oberen und unteren Rand mit Bastelkleber zusammen. Verwende die beiden Heftklammern zum Fixieren, bis der Kleber trocken ist.

6 Um die Laterne aufzuhängen, bohre mit der Stopfnadel zwei gegenüberliegende Löcher. Fädle etwas Wollgarn von außen durch die Löcher und verknote die Enden innen jeweils mit einem Doppelknoten. Schneide überstehendes Garn in Knotennähe ab.

2

3

4

5

6

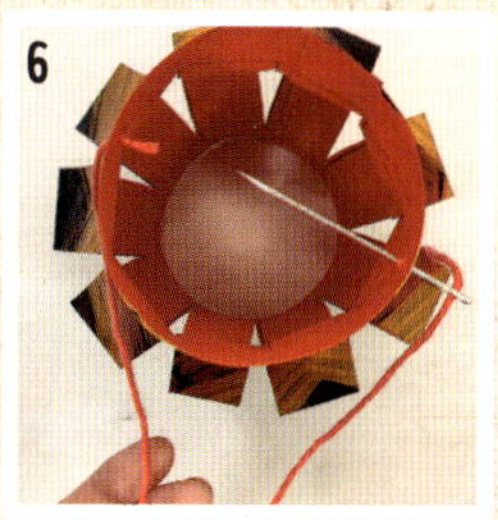

PAPUA-NEUGUINEA

FARBENFROHE PAPIERFEDERN

Der Inselstaat Papua-Neuguinea im südwestlichen Pazifik hat viele unterschiedliche Landschaften. Es gibt tropische Regenwälder, hohe Berge, breite Täler, unendliche Grasflächen und geheimnisvolle Vulkane. Diese Vielfalt bietet auch Tieren gute Lebensräume. So kann man hier die Stars unter den Vögeln, die Paradiesvögel, antreffen. Sie sind so einzigartig schön und zauberhaft, dass sie nicht nur ihre Artgenossen, sondern auch viele Menschen rund um die Welt beeindrucken.

COCONUT KAU KAU

Auf Papua-Neuguinea wird viel heimisches Gemüse und Obst gegessen. So auch Gemüsesorten wie Yams oder Süßkartoffeln. „Coconut Kau Kau“ ist ein köstliches vegetarisches Süßkartoffelgericht. Probiere das einfache Rezept aus!

VOGELBEOBACHTUNGEN

Auch bei uns gibt es faszinierende Vögel. Du brauchst nur etwas Geduld und ein Fernglas und schon bist du mittendrin in der Vogel-Safari. Worauf wartest du noch? Beobachte Vögel in der Natur! Erzähle, was du entdeckt hast!

MEGADIVERSITÄT

Artenvielfalt heißt in der Fachsprache „Biodiversität“. Wenn es ganz besonders viele Arten gibt, spricht man von „Megadiversität“. Der Kurzschnabel-Ameisenigel ist nur eine der vielen schützenswerten Arten des Inselstaates.

ANLEITUNG

1 Übertrage für die Schablone die Vorlage „Papierfeder“ auf den Fotokarton und schneide sie aus.

2 Bemale das weiße Papier mit verdünnter Wasserfarbe. Verwende dafür verschiedene Farben und Maltechniken, z.B. Streichen, Tupfen oder Spritzen.

3 Hebe das Papier an zwei gegenüberliegenden Seiten an und drehe es so, dass die Farben ineinanderlaufen. Lass Farbe und Papier trocknen.

4 Übertrage die Schablone auf das Papier und schneide die Feder aus. Wenn du noch Platz hast, kannst du auch mehrere Federn übertragen.

5 Falte die Feder entlang des Federkiels, sodass die bemalte Seite innen liegt. Schneide nun, beginnend bei der Federspitze, feine, schräg nach unten verlaufende Fransen. Achte darauf, dass du nicht zu viel einschneidest und versehentlich die Feder in zwei Teile schneidest!

6 Klappe die fertig eingeschnittene Feder auseinander und streiche sie vorsichtig mit dem Zeigefinger von unten nach oben aus. Zupfe die Fransen zurecht.

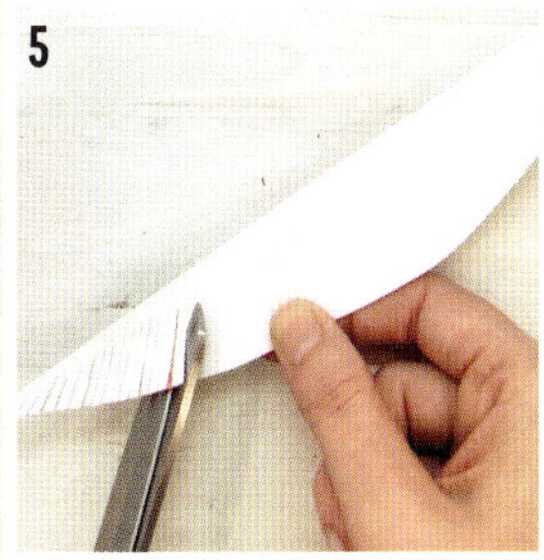

TIPP

Beim Auftragen der Wasserfarben ist es wichtig, dass die Farben sehr wässrig sind. So erzielst du die schönsten Effekte!

MATERIAL

- Fotokarton, A4
- Papier, A4, in Weiß
- Wasserfarben
- Pinsel
- Bleistift
- Schere
- Vorlage „Papierfeder“ (Seite 108/109)

MATERIAL

- gekochte Hühnereier in Weiß
- Eierfarben, Farben nach Wahl
- Wachsmalstift, helle Farbe
- Küchenrolle
- Backpapier
- Essig
- Wasser
- Schalen (je Farbe eine Schale)
- Esslöffel (je Farbe ein Löffel)
- Ofenhandschuhe
- Arbeitsunterlage

ANLEITUNG

1 Bereite die Eierfarben der Anleitung entsprechend vor. Gib zusätzlich pro Farbe zwei Esslöffel Essig dazu. Dadurch erhalten die Eier später eine kräftigere Farbe.

2 Decke den Arbeitsplatz mit einer Arbeitsunterlage ab. Lege einige Blätter Küchenpapier, die Farbschalen mit jeweils einem Esslöffel, die Eier und den Wachsmalstift bereit.

3 Male mit dem Wachsmalstift traditionelle Pysanka-Muster auf die Eier. Lass dich von den Symbolen in der Tabelle inspirieren. An den Stellen des Wachsmalstifts bleiben die Eier nach dem Färbevorgang in der Originalfarbe der Eierschale.

4 Lege die Eier in Farbschalen deiner Wahl und lass die Farbe ein paar Minuten (gemäß Anleitung) einwirken. Je länger, desto intensiver die Farbe.

5 Hole die gefärbten Eier mit dem Esslöffel aus der Farbe und tupfe sie mit dem Küchenpapier vorsichtig (ohne dabei zu reiben) trocken.

6 Lege die Eier auf ein mit Backpapier ausgelegtes Backblech und gib es für ca. 10 Minuten bei 80°C in den Backofen. Wische anschließend das warme, weiche Wachs sanft, aber zügig mit dem Küchenpapier von den Eiern ab.

2

3

4

5

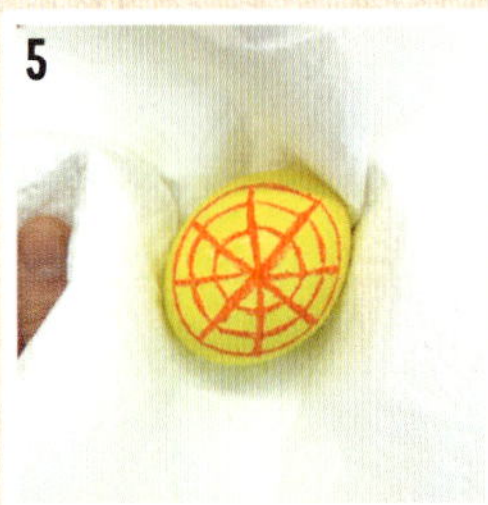

6

BEDEUTUNG DER SYMBOLE

= Gesundheit
= Glück
= Gute Ernte
= Ordnung
= Leben
= Wohlstand
= Sicherheit
= Liebe

TIPP

Erfinde neue Muster und kombiniere sie miteinander. Welche Geschichte könnte dein Ei erzählen?

UKRAINE

PYSANKA

Es gibt viele schöne Techniken, Ostereier zu gestalten. Die ukrainischen Pysanky sind weltweit bekannt. In filigraner Handarbeit werden Wachs und Farbstoff in mehreren Schichten auf das Ei aufgetragen. Für die Gestaltung der Ostereier ist viel Geduld und eine ruhige Hand gefragt. Die Muster setzen sich aus verschiedenen Symbolen zusammen. Jedes Symbol ist nicht nur dekorativ, sondern hat auch eine Bedeutung.

WARENIKI

Die halbmondförmigen Teigtaschen zählen zu den Nationalgerichten der ukrainischen Küche. Du knetest gerne Teig? Dann ran an das traditionelle Gericht.

KORNKAMMER EUROPAS

Eine Kornkammer ist eine Region, die über ihre Grenzen hinweg Menschen mit Getreide versorgt. In der Ukraine wird sehr viel Getreide angebaut, weshalb das Land auch häufig als „Kornkammer Europas“ bezeichnet wird. Welche Getreidesorten kennst du?

GRÜNER LIEBESTUNNEL

Die Bahntrasse zwischen den ukrainischen Orten Klewan und Orschiw verläuft direkt durch ein bewaldetes Sumpfgebiet. Nur ein schmaler Tunnel für die Eisenbahn ist freigeblieben. Der Anblick ist so märchenhaft-romantisch, dass jedes Jahr viele Touristen und Verliebte zur Bahnstrecke pilgern.

THAILAND

SCHWIMMENDER LOTUS

Die Thailänder feiern jedes Jahr ein großes Lichterfest. Es wird Loi Krathong genannt. „Loi" steht für schwimmen oder schweben und „Krathong" bedeutet Floß. Vor dem Fest werden viele kleine Flöße, geschmückt mit Blättern, Lotusblüten, Räucherstäbchen und Kerzen, gebaut. Beim Fest werden die kleinen Kunstwerke ins Wasser gesetzt. Ängste, Ärger und Sorgen dürfen gemeinsam mit den Flößen ziehen.

PAD THAI

Reisnudeln findest du super? Du isst gerne Eier und knackiges Gemüse? Dann wird dir das thailändische Gericht Pad Thai mit Sicherheit schmecken!

ZITRONENGRAS

In Thailand wird Zitronengras zum Würzen von Speisen aber auch als erfrischender Tee genossen. Gib ein paar Tropfen Zitronengrasöl in eine Duftlampe, schließe die Augen und rieche den frischen, zitronigen Duft.

WASSERFEST SONGKRAN

Nach dem thailändischen Mondkalender findet das traditionelle Neujahrsfest „Songkran" im April statt. Am Abend davor werden alle Häuser geputzt und an den Festtagen leeren jüngere Menschen den Älteren duftendes Jasminblüten-Wasser über die Hände.

ANLEITUNG

1 Übertrage für die Schablonen die Vorlagen „Lotusblume“ und „Lotusblatt“ auf den Fotokarton und schneide sie aus.

2 Lege die drei Bogen Transparentpapier übereinander und falte sie der Breite nach zusammen. Fixiere die Bogen mit den Büroklammern. Übertrage darauf die Lotusblüte mit Hilfe der Schablone. Schneide nun alle Blumen aus. Achte darauf, dass das Transparentpapier beim Ausschneiden nicht verrutscht.

3 Lege eine der ausgeschnittenen Blumen vor dich. Trage den Bastelkleber dünn von innen nach außen auf der gesamten Blume auf. Lege die zugeschnittenen Drahtstücke jeweils in die Mittellinie der sechs Blüten.

4 Platziere eine zweite Blume direkt auf die Erste und drücke sie sanft mit den Fingern fest. Dabei können kleine Fältchen entstehen. Das macht nichts.

5 Wiederhole Schritt 3 und 4 für die Anfertigung von zwei weiteren Blumen. Lass den Kleber trocknen. Presse alle drei Blumen anschließend ca. eine halbe Stunde unter einem schweren Buch.

6 Übertrage das Motiv des Lotusblatts auf den grünen Bastelfilz und schneide es aus. Klebe die drei Styroporstücke mit Bastelkleber an die Unterseite des Lotusblatts. Sie werden später deine Lotusblume über Wasser halten.

7 Biege die Drahtstücke der gepressten Lotusblumen nach oben. Klebe alle drei Blumen versetzt übereinander in die Mitte des Lotusblatts.

8 Schalte das LED-Teelicht ein, platziere es in der Blumenmitte und setze die Lotusblume vorsichtig ins Wasser (z.B. in die Badewanne oder in eine große Schale).

MATERIAL

- Fotokarton, A4
- 3 Bogen Transparentpapier, A4, Farbe nach Wahl
- Bastelfilz, A5, in Grün
- 3 kleine Stück Styropor®, ca. 3,5 cm x 3,5 cm x 1 cm
- dünner Blumendraht, 5x 18 cm lang
- Bastelkleber, transparent trocknend, lösungsmittelfrei
- 4 Büroklammern
- Schere
- Borstenpinsel, breit
- schweres Buch
- 1 LED-Teelicht, wasserdicht
- Vorlagen „Lotusblume“ und „Lotusblatt“ (Seite 105/106)

GRÖNLAND

MINI-HUNDESCHLITTEN

Grönland ist nicht nur die größte Insel, sondern zählt auch zu den kältesten besiedelten Regionen der Welt. Eis und Schnee bestimmen das Leben der Inselbewohner. Hundeschlitten sind ein wichtiges Transportmittel. Gezogen werden die Schlitten von Grönlandhunden. Die vierbeinigen Kraftpakete sind sehr ausdauernd und widerstandsfähig. Sie haben ein dichtes Fell, dass sie vor bitterkalten Temperaturen von - 40 Grad Celsius schützt.

GRÖNLAND-KUCHEN

Tauche ein in die Küche Grönlands und backe ein traditionelles Rosinenbrot mit dem klingenden Namen „Kalaallit kaagiat". Hmmm ...

WALGESANG

Im Meer um Grönland tummeln sich viele verschiedene Walarten. Sie nutzen die Schallleitfähigkeit des Wassers, um miteinander zu kommunizieren.
https://tinyurl.com/47hayhvk

SCHNEEBALL

In Grönland herrscht ein arktisches Klima. Es bleibt auch im Sommer kalt. Bei dir liegt gerade Schnee? Forme ein paar Schneebälle und ab damit in den Gefrierschrank. Im Sommer gibt es dann eine erfrischend kühle Schneeballschlacht.

ANLEITUNG

1 Bemale vier Holzstäbchen beidseitig mit dem Acrylstift. Lass die restlichen zwei Holzstäbchen unbemalt und lege sie beiseite.

2 Kürze drei der bemalten Holzstäbchen mit der Handsäge auf eine Länge von 10 cm, sodass die Stäbchen jeweils eine gerade Schnittkante und einen runden Abschluss haben.

3 Teile das vierte bemalte Holzstäbchen in zwei Teile mit zwei geraden Schnittkanten, wobei ein Stück eine Länge von 6,5 cm hat und das andere Stück 5 cm lang ist.

4 Setze den Schlitten mit dem Bastelkleber zusammen. Verbinde dabei die drei langen farbigen Holzstäbchen mit dem 5 cm langen Stück.

5 Klebe die zwei unbemalten Holzstäbchen (Kufen) links und rechts parallel zu den drei bemalten Holzstäbchen auf. Lass sie an der Vorderseite des Schlittens ca. 3,5 cm über die farbigen Holzstäbchen herausragen.

6 Klebe das letzte farbige Holzstäbchen-Stück (Länge 6,5 cm) im rechten Winkel zu den drei langen, farbigen Holzstäbchen mit einem Abstand von 5 mm auf.

7 Verziere den zusammengesetzten Schlitten mit den Acrylstiften.

TIPP

Du möchtest einen noch kleineren Schlitten basteln? Kein Problem, verkleinere das Bastelprojekt, indem du Mini-Holzstäbchen oder gereinigte Eisstäbchen verwendest.

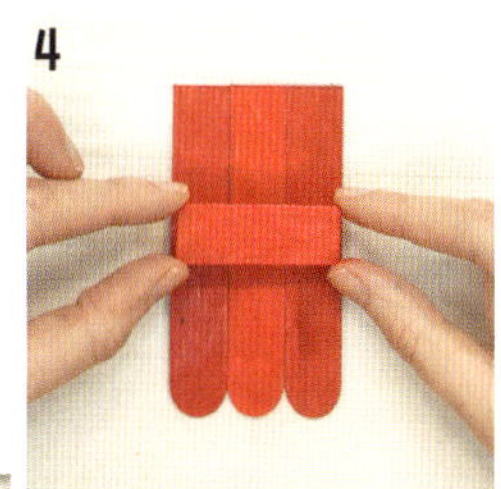

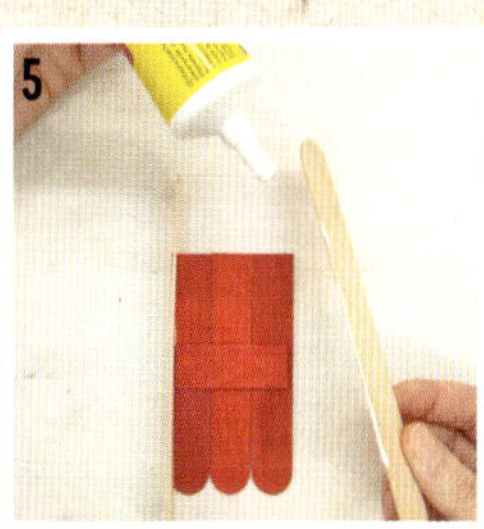

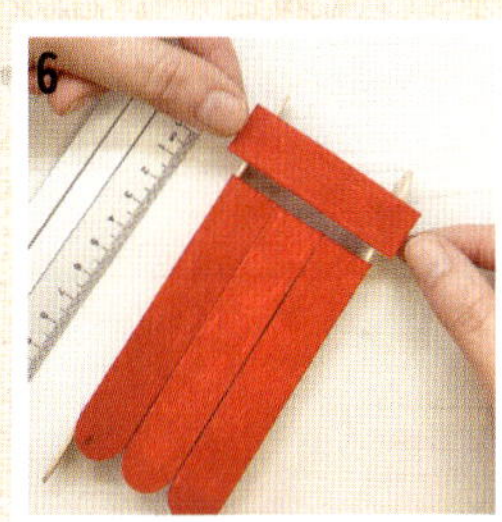

MATERIAL

- 6 flache Bastel-Holzstäbchen, 15 cm lang
- Acrylstifte, Farben nach Wahl
- Bastelkleber, transparent trocknend
- Bleistift
- Lineal

MALEDIVEN

MUSCHEL

Die Malediven sind bekannt für traumhaft weiße Sandstrände, ein türkisfarbenes Meer und eine atemberaubende Unterwasserwelt. In den Korallengärten tummeln sich Tausende von Fischen. Manchmal trifft man auf Schildkröten, Haie oder majestätisch durch das Wasser gleitende Teufelsrochen. Auch Riesenmuscheln mit Längen von über einem Meter sind sehr beeindruckend.

TROPISCHE FRÜCHTE

Früchte sind ein fixer Bestandteil der Küche auf den Malediven. Bereite einen tropischen Früchteteller zu, genieße das Obst und stell dir vor, du sitzt unter einer Kokospalme und lässt den Blick auf das Meer hinausschweifen.

MEERESRAUSCHEN

Angeblich hört man das Meer rauschen, wenn man eine Muschel ans Ohr hält. Stimmt das wirklich? Nein, leider nicht. Aber man kann Geräusche aus der Umgebung hören, die durch die Windungen in der Muschel verstärkt werden. Probiere es aus!

SALZEXPERIMENT

Möchtest du wissen, wieviel Salz im Meerwasser ist? Fülle einen Liter warmes Wasser in eine Schüssel. Gib 3 Esslöffel Salz dazu und rühre um, bis es sich im Wasser aufgelöst hat. Das entspricht in etwa der durchschnittlichen Menge Salz im Meer.

ANLEITUNG

1 Knete beide Modelliermassen mit den Händen weich. Rolle die weiße Masse zu einem daumendicken Strang aus. Die farbige Masse rollst du etwas länger aus als den weißen Strang. Wickle den farbigen Strang um den weißen.

2 Drehe den verzwirbelten Strang zu einer Schnecke auf und verknete dann alles zu einer Kugel. Rolle danach die Kugel mit dem Nudelholz zu einer etwa 3 mm hohen Platte aus.

3 Schneide die ausgerollte Platte mit dem Messer in eine ovale Form.

4 Drücke in etwas mehr als die Hälfte des Ovals Rillen mit einem Essstäbchen in die Masse.

5 Modelliere mit dem Essstäbchen kleine Einkerbungen an den Rillenenden.

6 Drücke die Modelliermasse mit Hilfe der Essstäbchen sanft auf eine Breite von ca. 3-4 cm zusammen, sodass das Oval zu zwei zusammenhängende Muschelhälften geformt wird.

7 Klappe die Muschelhälften vorsichtig zusammen und lege die Glasmurmel in das Innere. Entscheide dich, ob du die Murmel ganz in der Muschel „versteckst“ oder weiter nach vorne rückst und die Muschel einen Spalt geöffnet bleibt.

8 Lass die Modelliermasse (der Anleitung entsprechend) im Backofen härten.

9 Für eine glänzende Muscheloberfläche kannst du, wenn du magst, die gehärtete Muschel zum Schluss mit Klarlack bestreichen.

MATERIAL

- 60 g Modelliermasse, in Weiß, im Ofen härtend
- 10 g Modelliermasse, Farbe nach Wahl, im Ofen härtend
- 1 große Glasmurmel
- Nudelholz
- scharfes Messer
- 1 Paar Essstäbchen
- Lineal
- optional: Klarlack und Pinsel

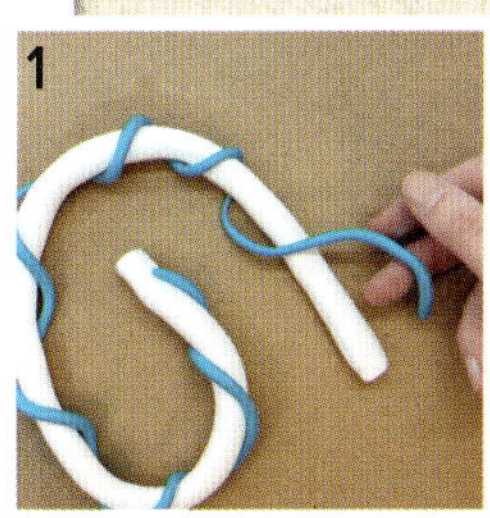

TIPP

Sei kreativ und experimentiere mit den Farben deiner Muschel. Du kannst auch mehr als zwei Farben kombinieren!

ÄGYPTEN

SENET

Hast du schon mal ägyptische Wandmalereien oder Steinmetzarbeiten gesehen? Altägyptische Kunstwerke begeistern Menschen bis heute. Doch wusstest du, dass man im alten Ägypten auch schon Brettspiele gespielt hat? Vor mehreren tausend Jahren wurde das Zwei-Personenspiel Senet erfunden. Möglicherweise ist es das älteste Brettspiel der Welt. Die Käfer wurden im alten Ägypten als göttliche Tiere und Glückskäfer verehrt. Sie zieren viele Kunstwerke und finden sich sogar in der Hieroglyphenschrift wieder.

KUNAFA

Mozzarella in einer Süßspeise? Das klingt vielleicht auf den ersten Blick etwas ungewöhnlich. Das warme Dessert aus der arabischen Welt schmeckt sensationell gut. Probiere das Rezept aus!

HIEROGLYPHEN

Die Schrift im alten Ägypten nennt man Hieroglyphen. Sie setzt sich aus verschiedenen Zeichen und Bildern zusammen. Was hältst du davon, eine eigene Schrift zu erfinden? Ersetze dazu jeden Buchstaben im Alphabet durch ein von dir erfundenes Zeichen.

DIE VERSUNKENE STADT HERAKLEION

An der Mündung des Nils schlummert eine versunkene Stadt. Die antike Hafenstadt Herakleion ist vor mehr als zweitausend Jahren im Meer versunken. Viele Jahre hat man die Bruchstücke der Stadt im Meer gesucht, bis man sie vor gar nicht allzu langer Zeit gefunden hat.

ANLEITUNG

1 Teile die Modelliermasse in zehn Stücke mit jeweils 20 g ein. Rolle jedes Stück zu einer Kugel. Drücke sie anschließend etwas platt.

2 Drücke mit dem Messer ein einfaches Käfer-Muster, wie auf dem Schrittfoto zu sehen ist, auf: Lass die Käfer der Anleitung entsprechend an der Luft (meistens 24 Stunden) härten.

3 Male die Käfer mit den Brush Pens an: fünf Käfer mit der einen Farbe, fünf Käfer mit der anderen.

4 Klebe für das Spielbrett das Faserpapier mit dem Klebestift mittig auf den Pappkarton. Zeichne mit braunem Filzstift ein 25 cm x 7,5 cm großes Rechteck auf das Faserpapier. Unterteile das Rechteck in 2,5 cm x 2,5 cm große Quadrate. Zeichne dazu mit dem Geodreieck zwei Längsstriche und neun im rechten Winkel stehende Querstriche in das Rechteck. Die äußere Spielfeldbegrenzung kannst du etwas dicker nachziehen. Schneide das Rechteck mit ca. 1 cm Abstand zum Spielfeld aus.

5 Platziere die Käfer auf dem Spielbrett. Lege die beiden Würfel bereit.

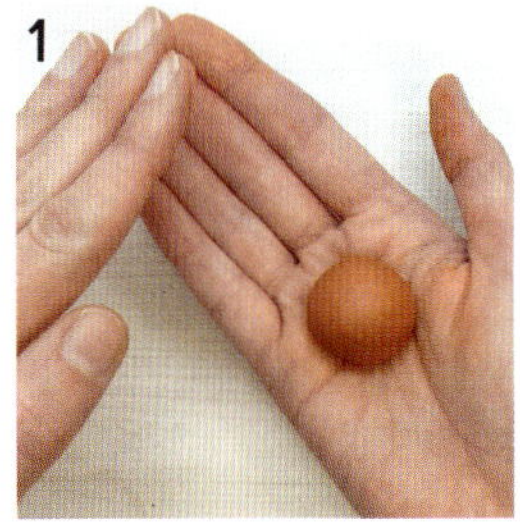

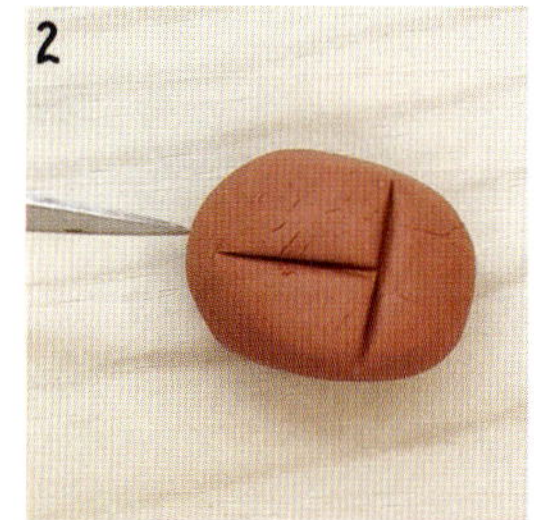

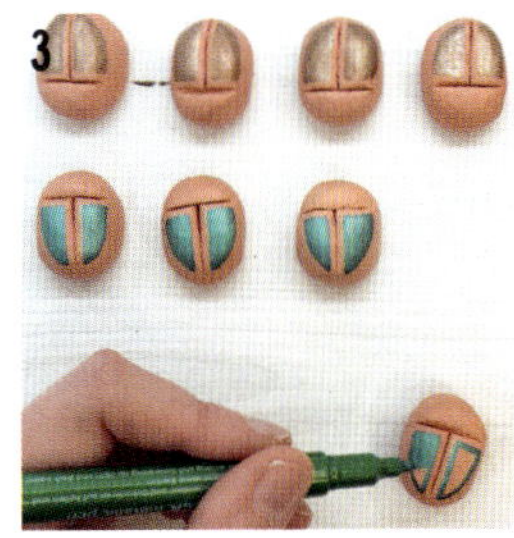

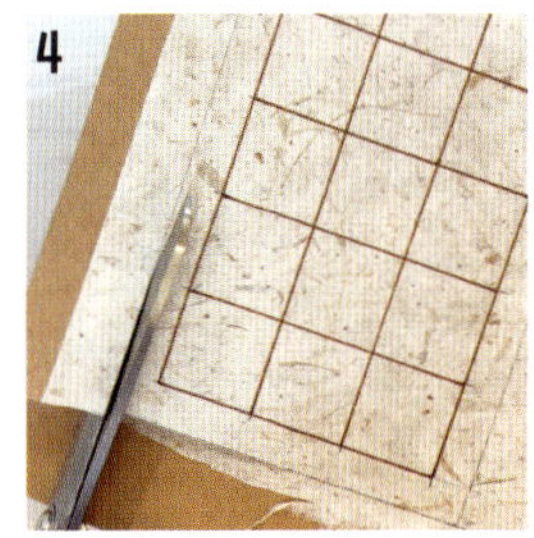

MATERIAL

- 200 g Modelliermasse, Farbe Terracotta, lufthärtend
- Pappkarton, etwas größer als A4
- Faserpapier, A4, hell gemustert
- Brush Pens, wasserfest, 2 Farben nach Wahl
- Filzstift in Braun
- Klebestift
- Küchenwaage
- Messer mit spitzer Klinge
- Schere, gut schneidend
- großes Geodreieck
- 2 Würfel (zum Spielen)

SPIELANLEITUNG NÄCHSTE SEITE

TIPP

Lust auf andere Spielfiguren? Forme kleine Pyramiden oder Tonkrüge. Oder hast du eine eigene Idee?

SPIELREGELN:

1 Senet ist ein Spiel für zwei Personen. Jeder Spieler wählt fünf Spielfiguren einer Farbe und einen Würfel. Platziert die Figuren in abwechselnder Reihenfolge auf den Quadraten (sie werden Häuser genannt) der ersten langen Reihe.

2 Die Figuren werden der gewürfelten Augenzahl entsprechend über das Spielfeld bewegt. Du kannst frei wählen, mit welcher deiner Figuren du ziehst. In der Original-Version des Spiels werden Holzstäbchen zum „Würfeln" verwendet. Wenn du am Ende der ersten Reihe angekommen bist, gehst du um die Ecke und bewegst die Spielfigur in der zweiten Reihe in entgegengesetzter Richtung weiter. Nach dem gleichen Prinzip geht es in der dritten Reihe voran. Gewonnen hat, wer zuerst alle eigenen Figuren vom Spielbrett bekommen hat.

3 Eine wichtige Spielregel zum Schluss: In einem Haus ist immer nur Platz für eine Figur. Wenn deine Figur auf ein schon besetztes Haus kommt, müssen die Figuren ihre Plätze tauschen. Das heißt, deine Figur nimmt das gewürfelte Haus ein und die verdrängte Figur muss zurück in das Haus gehen, indem deine Figur vor dem Zug stand.

NEUSEELAND

MAORI POI

Die indigene Bevölkerung Neuseelands sind die Maori. In der Maori-Kultur gibt es einen traditionellen Tanz, bei dem an einer Schnur befestigte Bälle mit geschickten Bewegungen zum Rhythmus der Musik geschwungen werden. Sowohl der Tanz als auch die Bälle werden als Poi bezeichnet. Früher wurden Poi aus Naturmaterialien hergestellt. Heute kommen häufig Plastiksäcke oder zerknülltes Papier zum Einsatz. Aus der Tradition der Maori hat sich weltweit das Poi Spinning als Freizeitaktivität heraus entwickelt, bei der auch Feuer- oder LED-Poi durch die Lüfte gewirbelt werden.

HOKEY POKEY ICE CREAM

Es gibt viele gute Eiscremesorten. „Hokey Pokey" ist eine neuseeländische Spezialität. Cremiges Vanilleeis mit knusprigen Waben-Toffee. Wer kann da noch widerstehen?

MAORI-TANZ

Der rituelle Tanz der Maori heißt „Haka". Alle Körperteile stellen dabei ein Instrument dar. Getanzt wird mit dem ganzen Körper. „Pukana" steht für das Aufreißen der Augen, „Whetero" für das Herausstrecken der Zunge und „Potete" für das Schließen der Augen.

MOANA

Die Sängerin Moana Maree Maniapoto ist eine erfolgreiche Musikerin. Sie kombiniert traditionelle Maori-Klänge mit verschiedenen anderen Musikstilen. Hör rein!

https://tinyurl.com/yu6s5d7j

ANLEITUNG

1 Wickle für die Quaste das schwarze Wollgarn 30 Mal um deine Hand, schneide das Garn ab und lege es als Ring ab.

2 Schneide vom weißen und roten Garn je 2x 100 cm ab, vom schwarzen Garn 4x 100 cm. Nimm alle acht Garnstücke zu einem Strang zusammen und fädle ihn durch den schwarzen Garn-Ring, sodass der Ring genau in der Mitte des Wollstrangs liegt.

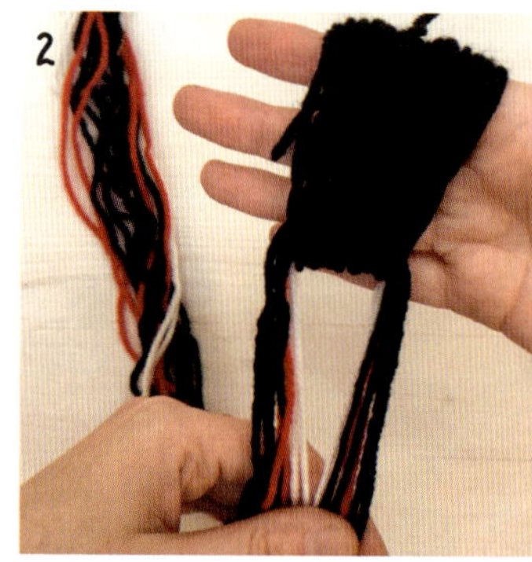

3 Setze dich für das Flechten des Wollstrangs auf den Boden und ziehe einen Socken aus. Stecke den schwarzen Garn-Ring mit dem aufgefädelten Wollstrang auf deinen großen Zeh. Sortiere die Garnfäden nach Farben, sodass dir insgesamt vier Stränge (schwarz – weiß – rot – schwarz) zum Flechten zur Verfügung stehen.

4 Flechte daraus nun ein Seil von ca. 20 cm Länge. Führe dazu zuerst den Strang links außen unter die beiden benachbarten Stränge nach rechts und anschließend wieder über einen Strang zurück nach links. Führe im zweiten Schritt den Strang rechts außen unter den beiden benachbarten Strängen nach links und über einen Strang zurück nach rechts. Beide Schritte bis zum Schluss wiederholen. Verknote das Ende mehrmals. Schneide die überstehenden Garnenden nicht ab.

TIPP

Lust auf andere Farben? Selbstverständlich! Stelle die Garnfarben nach deinem Geschmack zusammen. Du kannst auch farbige Müllsäcke verwenden.

MATERIAL

- 10 kleine Plastiksäcke, in Weiß, Volumen ca. 10 Liter
- 2 große, Müllsäcke, in Weiß, Volumen ca. 30-60 Liter
- Volumenvlies in Weiß, 2 Quadrate (17 cm x 17 cm)
- Wollgarn in Schwarz, Rot, Weiß
- Schere
- Lineal, groß
- Nadel

5 Nimm den schwarzen Garn-Ring vom Zeh. Schneide ein 20 cm langes Stück vom schwarzen Wollgarn ab und knote den Garn-Ring zu einer Quaste zusammen. Schneide die Enden der Quaste auf und bringe sie in Form.

6 Lege fünf kleinen Plastiksäcke übereinander und forme aus ihnen einen länglichen Strang. Knote die Garnenden des geflochtenen Seils mittig um die Plastiksäcke. Verschließe mit einem Dreifachknoten und schneide die überstehenden Garnenden in Knotennähe ab.

7 Schneide ein 50 cm langes Stück vom weißen Wollgarn ab. Lege es beiseite. Forme die Plastiksäcke nun zu einem Ball. Die Luft in den Plastiksäcken kannst du mit Hilfe der Nadel rauslassen.

8 Umhülle die zusammengeknüllten Plastiksäcke mit einem Stück formgebenden Volumenvlies.

9 Platziere alles mittig auf dem großen Müllsack und wickle diesen straff um die Plastiksäcke und das Volumenvlies. Halte den Poi in einer Hand und zupfe und ziehe den Müllsack so lange zurecht, bis eine runde Ballform mit glatter Oberfläche entstanden ist. Fixiere den Müllsack direkt unterhalb des Balls mit dem weißen Wollgarn. Verschließe mit einem Dreifachknoten und schneide ihn in Knotennähe ab.

10 Stutze abschließend den Müllsack, sodass ca. 1 cm übrig bleibt.

11 Wiederhole Schritt 1 bis 10 für den zweiten Poi.

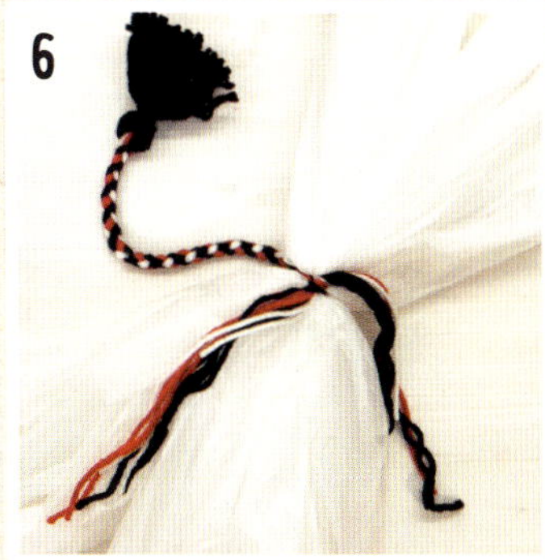

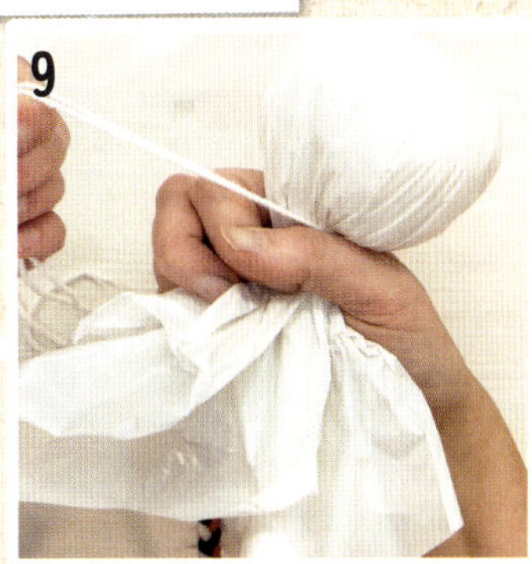

VORLAGEN

ITALIEN S.12

ÖSTERREICH S.16

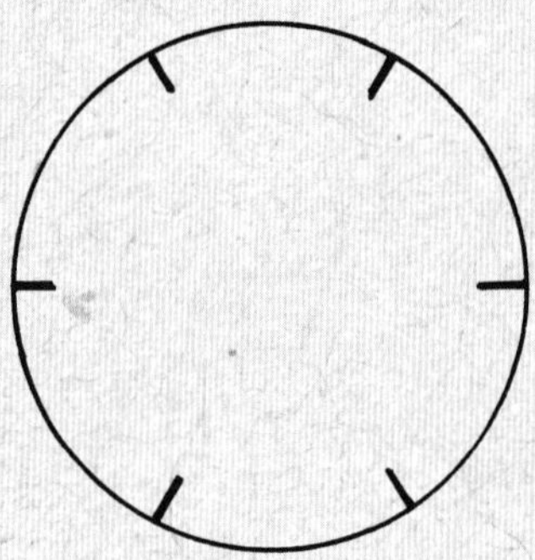

JAPAN S.29

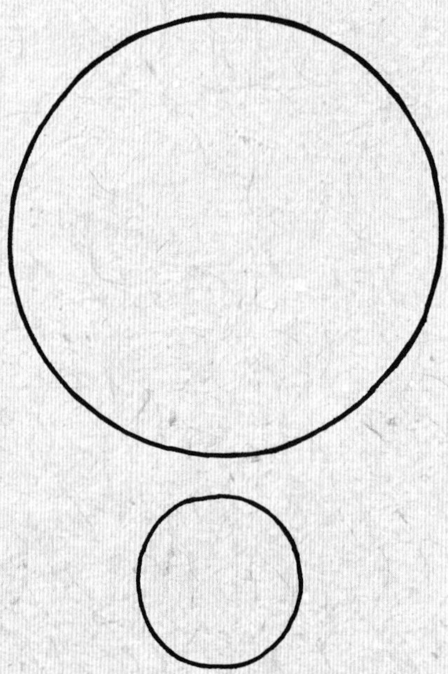

SPANIEN S.50

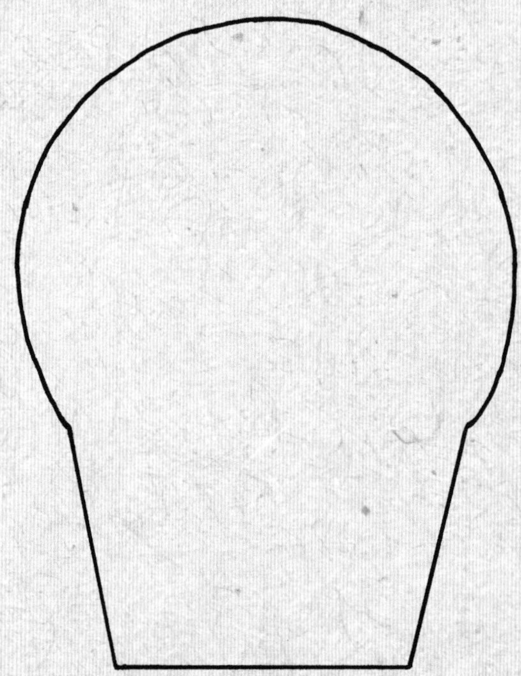

RUSSLAND S.67

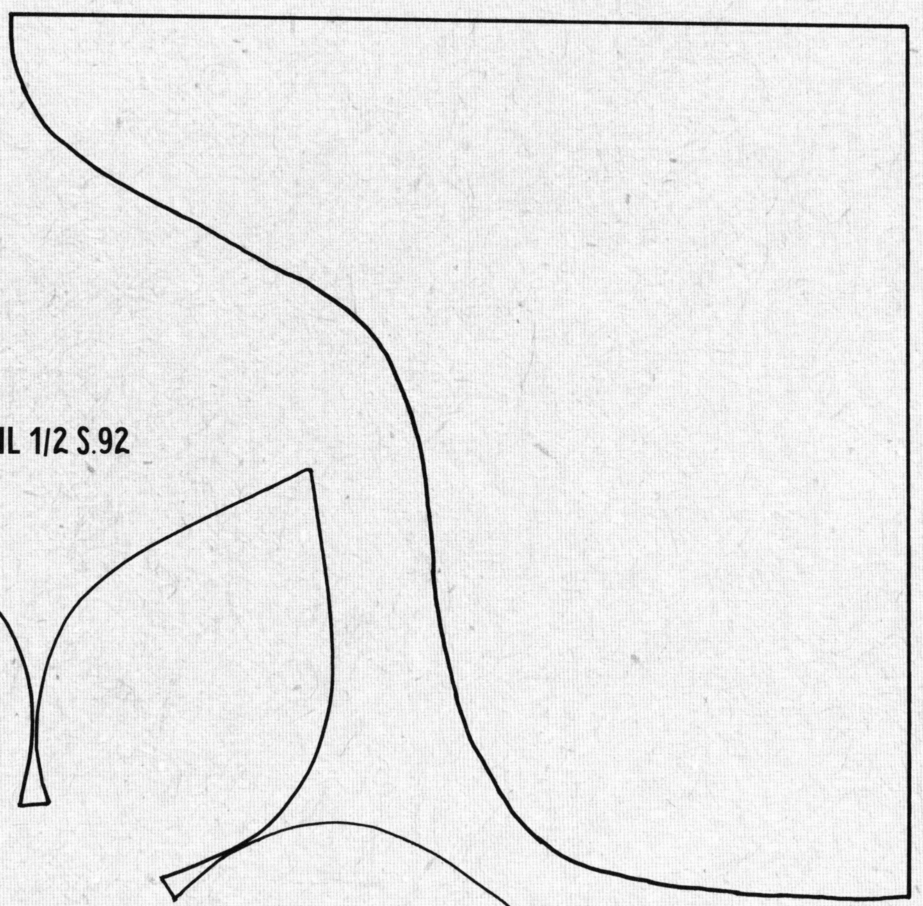

THAILAND TEIL 1/2 S.92

THAILAND TEIL 2/2 S.92

SCHWEIZ S.42

TÜRKEI S.26

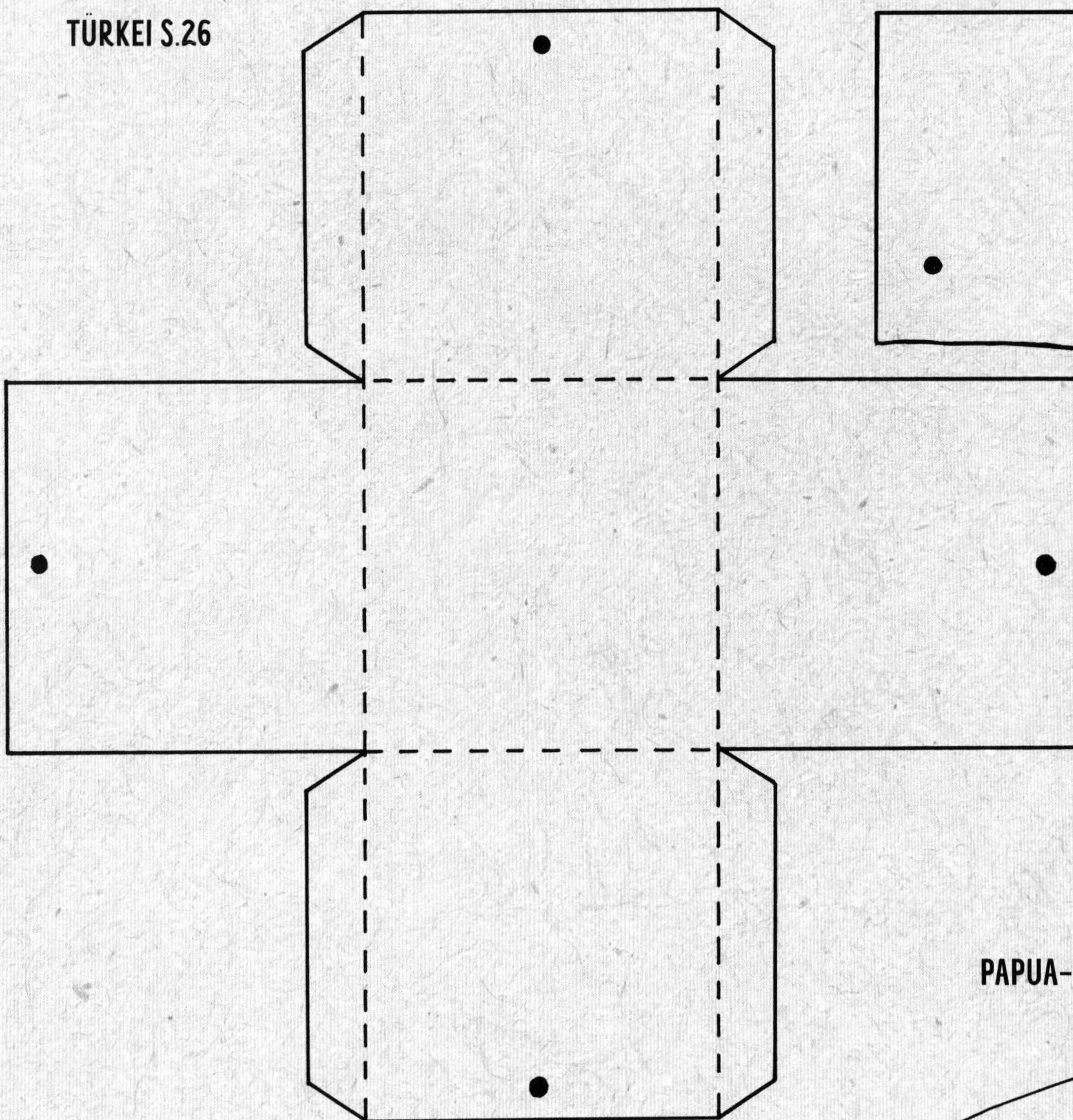

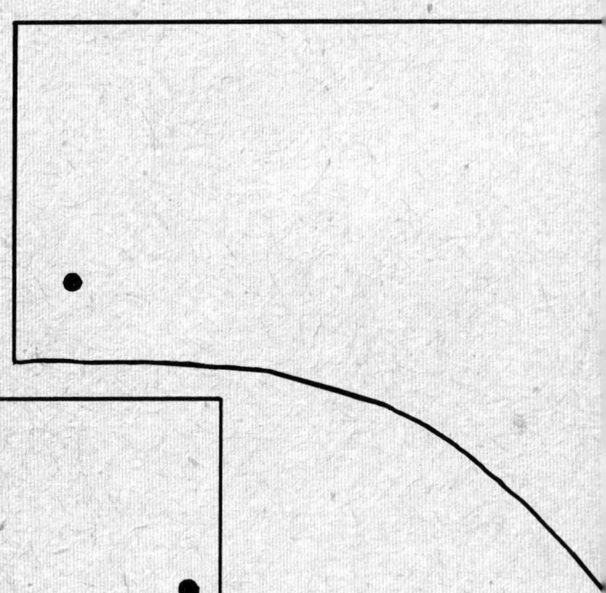

PAPUA-NEUGUINEA S.88

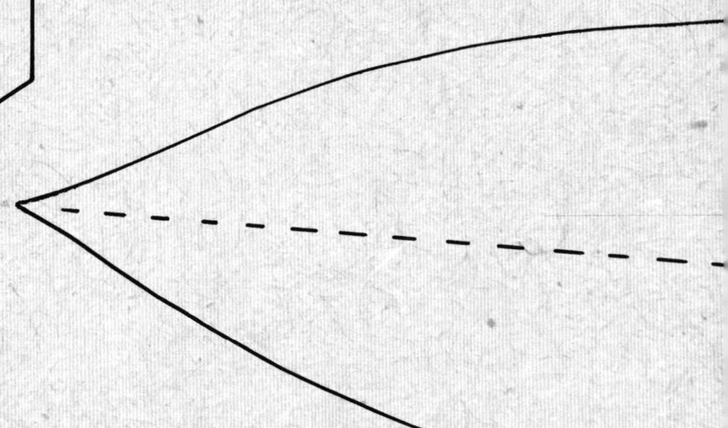

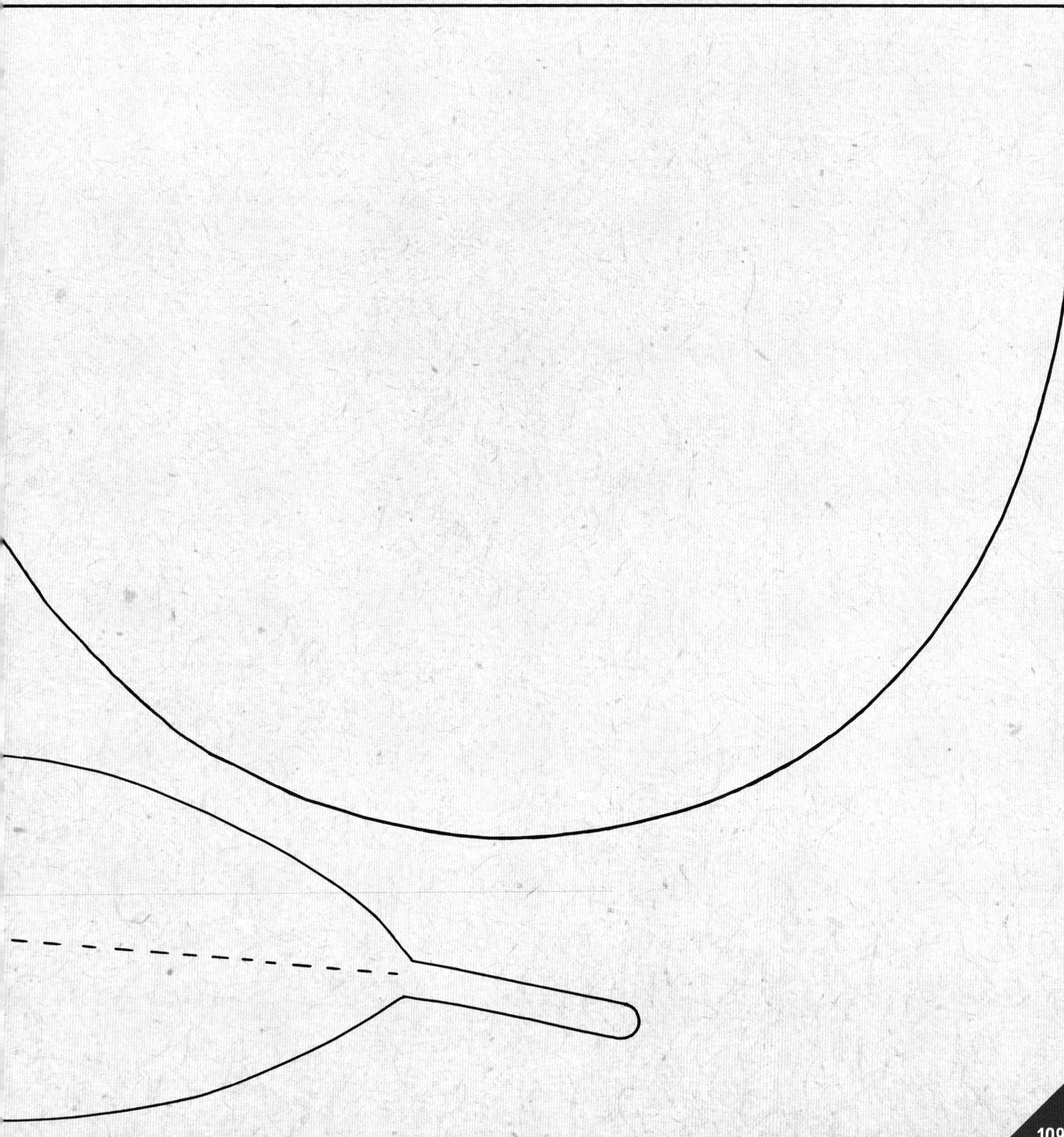

BRASILIEN S.36

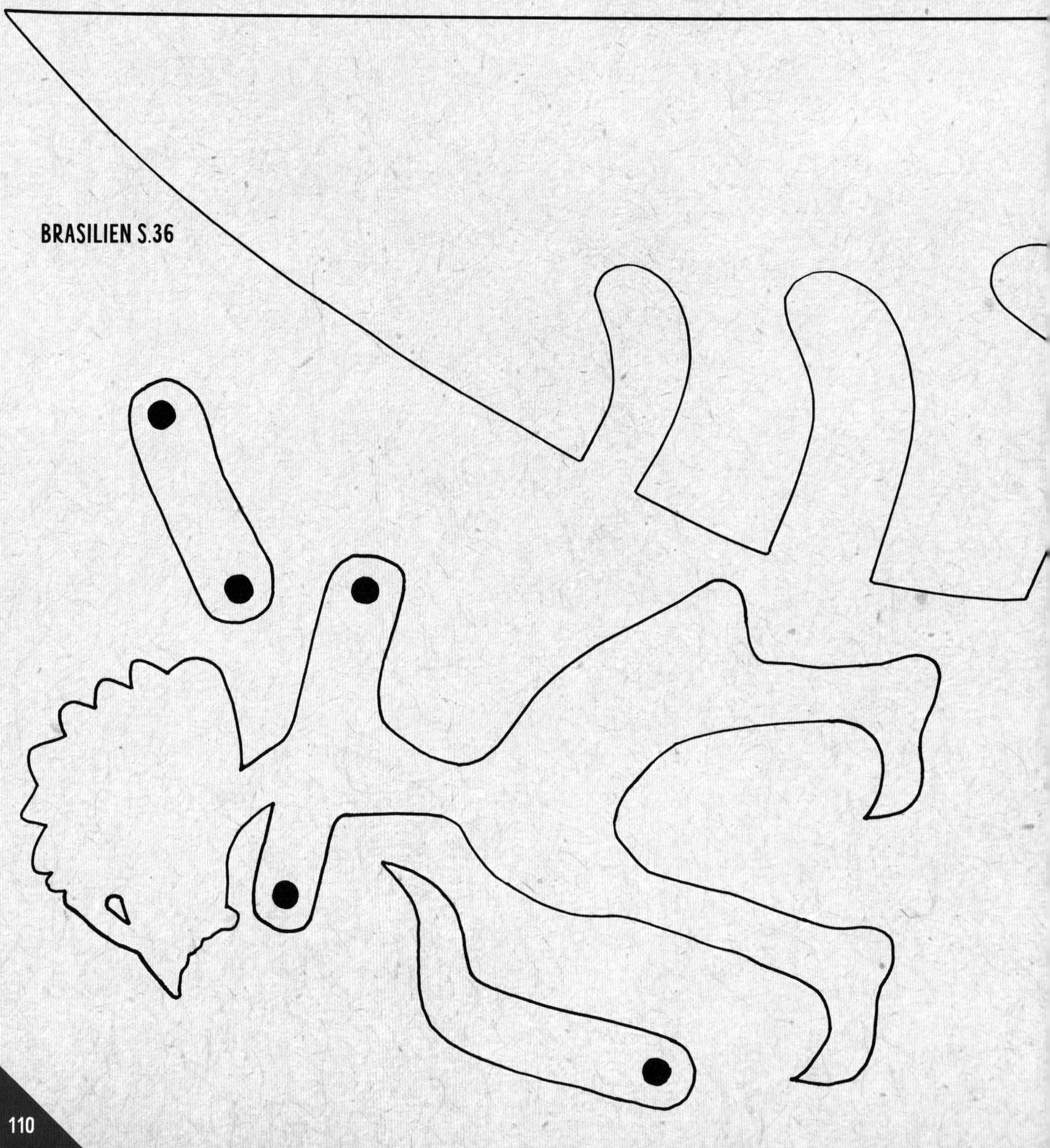

INDONESIEN S.56

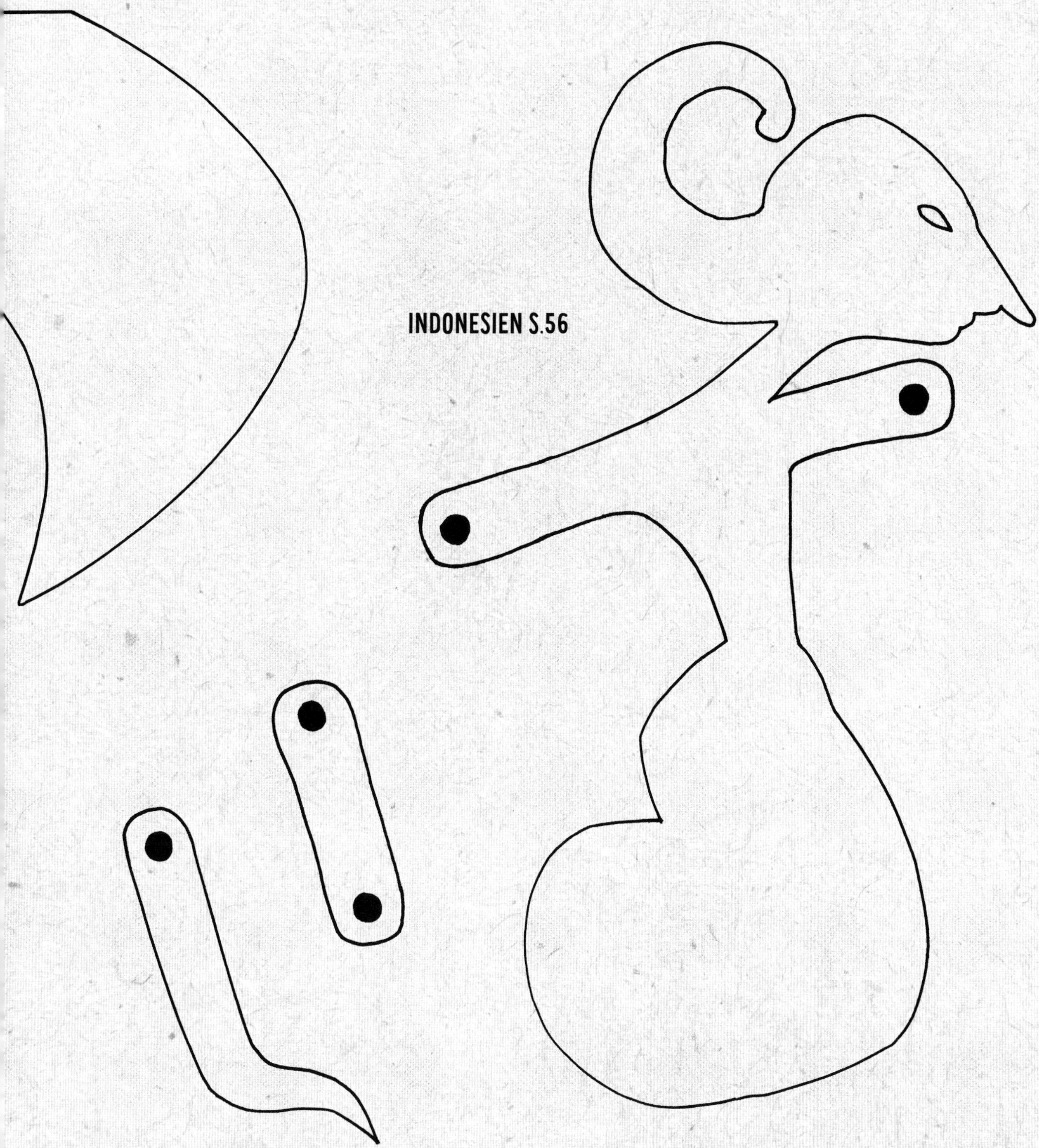

CHINA S.86

FRANKREICH S.39

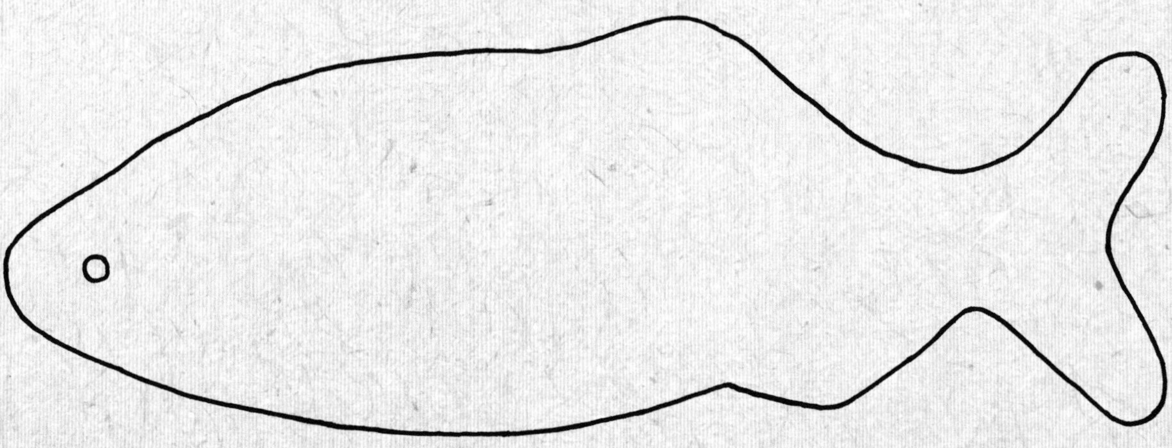

VEREINIGTES KÖNIGREICH S.54

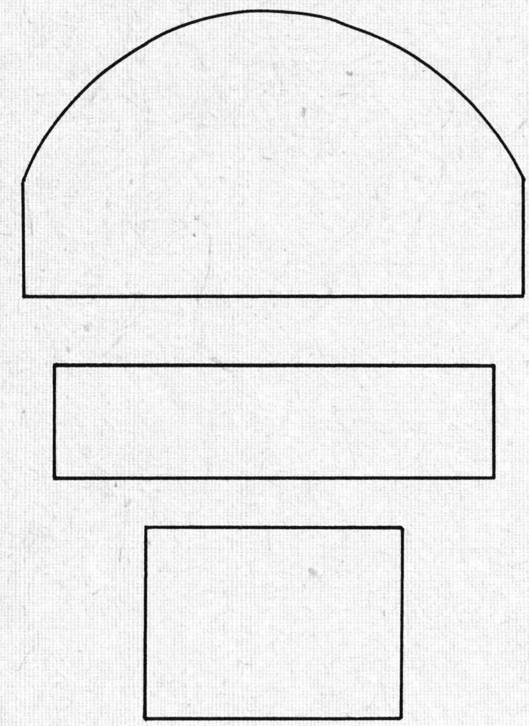

DÄNEMARK S.83

MAROKKO S.61

WEISST DU, WO DU SCHON ÜBERALL WARST?

Schnapp dir deine Stifte und male die Länder aus, die du schon bereist hast.

BUCHEMPFEHLUNGEN FÜR DICH

Noch mehr Kreativ-Bücher zum gleichen Thema gesucht?

ISBN 978-3-7724-8460-5

ISBN 978-3-7724-8423-0

ISBN 978-3-7724-7954-0

ISBN 978-3-7724-4448-7

ISBN 978-3-7724-4650-4

ISBN 978-3-7724-4453-1

Viele weitere Kreativ-Bücher findest du auf www.TOPP-kreativ.de

ENTDECKE AUCH UNSERE ...

ISBN 978-3-7724-4960-4

ISBN 978-3-7724-4613-9

ISBN 978-3-7724-7653-2

ISBN 978-3-7358-9030-6

ISBN 978-3-7358-9031-3

ISBN 978-3-7724-4893-5

#TOPPPROJEKT

Die eigene Kreativität zeigen: TOPPprojekt mit anderen Kreativen teilen und Teil der Gemeinschaft werden.

DIY-begeistert und auf Instagram? Dann unbedingt mitmachen! Hier gibt's Tipps und Feedback zu den eigenen Projekten. Außerdem verlosen wir jeden Monat ein Überraschungspaket. Um am Gewinnspiel teilzunehmen, einfach ein Bild vom Kreativ-Projekt aus unseren Büchern mit #TOPPprojekt posten und unserem Account @frechverlag folgen. Mehr Infos auf TOPP-kreativ.de/TOPPprojekt

Website
Auf TOPP-kreativ.de kannst du ein riesiges Angebot von über 1.000 Kreativbüchern, Sets & mehr entdecken.

Newsletter
Gleich anmelden unter: TOPP-kreativ.de/newsletter und immer als Erstes von unseren Neuheiten und Sonderaktionen erfahren.

Instagram
@frechverlag

Pinterest
pinterest.com/frechverlag

Facebook
facebook.com/frechverlag

DigiBib
Hier findest du zusätzlich zu vielen unserer Bücher digitale Extras, wie Video-Tutorials, Plotter-Dateien, Vorlagen, Übungsblätter & vieles mehr. Einfach im Impressum deines TOPP-Buchs den Freischalte-Code nachschlagen und exklusive Inhalte freischalten. TOPP-kreativ.de/digibib

Youtube
youtube.com/frechverlag

WER WIR SIND, WIE WIR ARBEITEN, WAS WIR LIEBEN …

Auf Instagram, Facebook und Pinterest findest du mehr über uns und unsere Arbeit und wirst immer schnell und einfach mit den neuesten Infos versorgt.

Alle News, alle Infos und alle Links findest du auf www.TOPP-kreativ.de

ÜBER DIE AUTORIN

Beatrice Wagner wurde 1982 geboren und promovierte an der Universität für Bodenkultur in Wien. Sie lebt gemeinsam mit ihrer Familie und ihren Katzen am Rande von Wien, liebt Tee, Orangenkekse und Tage, an denen sie der Kreativität freien Lauf lassen kann. Wenn sie nicht gerade handarbeitet, bastelt oder Kinderkostüme näht, beobachtet sie die Natur und lässt die Seele baumeln. Im Jahr 2022 hat sie den Kreativwettbewerb TOPP Star® Award gewonnen und realisierte sich damit den Traum ihres ersten Kreativbuchs.

DANK

DIE KREATIVEN KÖPFE | Team vom frechverlag |
ein einzigartiger Verlag, der Ideen und Visionen keine Grenzen setzt, besonderer Dank an die Grafikerinnen Konstanze Laue und Ramona Gaar, sowie die Produktmanagerinnen Sandra Aichele und Melissa Portz

DIE BERATERIN | Nina Wagner |
welch ein Glück mit so viel unerschöpflicher Kreativität beraten zu werden

DIE WISSENSQUELLEN | Carolyn Magerle und Jessica Nebel |
stets mit Rat und Tat in Sachen Buch zur Seite

DIE PÄDAGOGINNEN | Manuela Singer und Nina Novotny |
danke für euren fachkundigen Review aus der Perspektive von Grundschul- und Kindergartenkindern

DIE WELTENBUMMLERIN | Ilkim Özsel De Almeida | gebündeltes Wissen über Länder und Kulturen rund um den Globus

DIE WEICHENSTELLERINNEN | Mama und Oma |
dank euch wurde meine Begeisterung für Kreatives geweckt

DER UNTERSTÜTZER | Ronald |
ohne dich wäre dieses Buch nicht entstanden, danke für die Zeit, Geduld und das kritische Feedback

DIE INSPIRATIONSQUELLE | Helena |
you rock ♥

IMPRESSUM

KREATIV-HOTLINE
Hilfestellung zu allen Fragen, die Materialien und Bücher zu kreativen Hobbys betreffen: Rufen Sie an oder schreiben Sie eine E-Mail!
Telefon: 0 50 52 / 91 18 58*
*normale Telefongebühren

E-Mail: mail@kreativ-service.info

Der Freischaltcode für die Download-Datei lautet: 59372

Fotos: frechverlag GmbH, 70499 Stuttgart; Schrittfotos: Beatrice Wagner; Daniel Taladrid / Dave McKendry (S. 44), Modellfotos: lichtpunkt, Michael Ruder, Stuttgart

PRODUKTMANAGEMENT:
Sandra Aichele
LEKTORAT:
Sandra Aichele, Melissa Portz
COVER: Eva Hook
LAYOUT: Konstanze Laue
SATZ: Ramona Gaar, Werbeagentur Rypka GmbH, Dobl-Zwaring, www.rypka.at
DRUCK UND BINDUNG:
DZS Grafik, Slowenien

2. Auflage 2023

ISBN: 978-3-7358-9069-6
Best.-Nr. 29069

MIX
Papier aus verantwortungsvollen Quellen
FSC® C106600

Penguin Random House Verlagsgruppe
FSC® N001967